유시민과 도올

통일, 청춘을 말하다

통나무

목차

유시민의 알릴레오
젊은이들이여! 통일을 말하라!
- 유시민이 묻고 도올이 답하다 -

인트로

홍대 앞 인디그룹들이 많이 활동하는 지역, 팟빵공개홀이라는 곳이다. 지하 3층에 아주 아담한 계단식 공개홀이 있는데 다양한 계층의 사람들이 꽉 들어차 있었다. 유시민 작가가 등장했다. 우레 같은 박수소리가 터졌다. 좀 있다가 유 작가가 칼로 물을 가르듯이, 손을 들어 날카롭게 횡면으로 그었다. 박수가 멈춘다. 유시민은 말한다.

"네. 그 정도면 충분합니다. 안녕하세요. 유시민입니다. 아시겠지만."

아주 짧은 몇 마디이지만 아주 웃기는 얘기다. "유시민입니다" "아시겠지만" 이 두 메시지 사이에는 아주 명백한 것을 명백하게 말함으로써 웃음을 유발하는 재치라고나 할까, 작문기법에 있어서 캠프 유머camp humor니, 드라이 유머dry humor니 하는 그런 감정선들이 깔려있다. 유시민과의 대화를 기록하여 책을 만드는 작업이 나에게는 이런 사소한 감정선들이 다 유실될 수가 있기 때문에 걱정스럽다. 여기 대화들은 끊임없는 웃음의 홍수 속에서 진행된 것이다. 유시민은 또 말한다.

"오늘 모임은 10·4남북정상선언(풀네임은, 남북관계발전과 평화번영을 위한 선언) 12주년을 맞이하여 하게 되는 공개대담인데요, 제가 먼저 문장 하나 읽어드릴 테니까 이게 어디에 있는 것일까 맞춰보시기 바랍니다: '남과 북은 남북관계 발전을 위해 정상들이 수시로 만나 현안懸案 문제들을 협의하기로 합의한다.' 이것은 기실 문재인 대통령하고 김정은 위원장 합의문에도 들어있어요. '정기적인 회담과 직통전화를 통하여'라고 아주 구체적인 방법까지 명기되어 있습니다. 그런데 제가 읽어드린 것은 12년 전 남북관계발전과 평화번영을 위한 선언, 우리가 보통 10·4선언이라고 부르는 것의 마지막 문장입니다.

그 후로 수시로 만났어야 했어요. 그런데 수시로 만나지 못했죠. 이 10·4선언의 마지막 문장은 결국 10년의 세월을 건너뛰어서 작년 초, 벌써 옛날 일 같네요, 문재인 대통령 판문점 도보다리회담 끝나고 나서 나온 합의문에 똑같은 내용이 들어갔습니다. 그리고 실제로 수시로 만나 협의를 해온 셈이죠. 물론 정상들만 만난 것은 아니고요, 저희 노무현재단도 작년 10·4선언 11주년 행사 때, 그때는 이해찬 당대표님이 이사장을 하고 있었습니다만, 그때 평양에 행사하러 다녀왔더랬습니다. 북측 사람들은 10·4선언을 잊지 않고 있고, 시민사회단체 150명까지 같이 초청해주어 2박 3일 동안 좋은 시간을 갖고 돌아왔습니다.

사실은 올해야말로 북측 손님들을 초대해서 뜻깊은 행사를 해볼까 했습니다. 그런데 아시는 것처럼 뭔가 잘 돌아가질 않아 이렇게 못하게 됐습니다. 하고 싶은 일들, 남북의 평화를 위하여 해야만 하는 일들을 못하게 되니 안타깝기 그지없죠. 추석 때가 되면 이산가족상봉이라도 해야 할 텐데, 그런 것조차 안되고 있으니 가슴이 아픕니다. 그렇다고 한반도의 평화프로세스가 끝난 것은 아니죠. 앞으로 나가야죠. 우리역사는 결코 후퇴하고 있지 않습니다. 앞으로 나아가고 있습니다.

그러나 앞으로 더욱 힘차게 나아가기 위해서는 기운을 충전해야 합니다. 무엇보다도 기운을 충전받으려면 철학적 성찰이 필요하다, 깊은 사색을 하시는 분의 사유방식을 통해서 우리의 문제를 명료하게 파악해볼 필요가 있다는 생각이 들었습니다.

올해 1월 초, 알릴레오 제1회에서 문정인 대통령특보를 모시고 대담한 것도 좋았지요. 조회수 1등, 300만! 국민의 많은 사랑을 받았습니다. 그러나 오늘의 대담은 그것과는 차원이 다른 대담이 될 것 같습니다. 한반도평화프로세스에 대한 철학적 진단, 철학적 전망, 그리고 철학적 해석, 이런 것들을 들어보기 위해서는 과연 누구를 모셔야 할까요?"

"도올! 도올! 도올!"

"철학자 도올 김용옥 선생님 모시겠습니다."

청충들의 환호성과 함께 박수가 이어졌다.

"어서 오십시오. 앉으시죠. 선생님, 책 많이 가지고 나오셨네요. 이게 다 신간이죠?"

"올해만 제가 낸 책이 5권인데(『우린 너무 몰랐다』, 『스무살, 반야심경에 미치다』, 『슬픈 쥐의 윤회』, 『금강경강해—한글개정신판』, 『도올의 마가복음 강해』), 이런 걸 뭐 소개하려고 가지고 나온 게 아니라 최근에 생각한 것들이 여기 담겨져 있으니까, 이런데 나오면 공연히 가슴이 허전하고 떨리니깐, 그냥 책상 위에 놓기만 해도 좀 안심이 되거든요. 그런데 말하다 보면 결국 아무 생각 없이 머리에 떠오르는 것만 말하게 마련인데, 공연히 떨려서 의지를 삼으려는 거에요. 매번 연단탁자 위에 책 널려 놓는 게 습관이 되어버렸어요."

"아니, 선생님도 떨리십니까? 머릿속에 들어있는 것으로만 말씀하셔도 오늘 얘기가 차고 넘칠 텐데요."

"안 그래요. 항상 겁나요. 청중을 실망시켜 드리면 어떡허나? 말이 잘못 나오면 어떡허나? 말이 막히면 어떡허나? 나이 들수록 더 겁나지요."

"믿기지 않는 말씀 그만하시고요, 책상 위에 있는 책 얘기들은, 대담하다 보면 건드리지 않을 수 없는 풍요로운 내용을 담고 있으니까, 자연스럽게 나오겠지요. 자~ 벌써 꼭 12년이 지났군요. 아까 제가 10·4선언 마지막 한 문장을 읽어드렸는데, 그때 노무현 대통령하고 김정일 국방위원장 정상회담할 때 선생님께서 같이 가셨죠?"

백화원 일화

"유명한 일화가 하나 생각나요. 10월 4일 그 성명이 싸인된 후에 백화원(百花園: 백 가지의 꽃이 만발하는 곳이라서 그런 이름이 붙었다. 평양 대성구역 임흥동에 있다. 북한 최고급의 영빈관이다)이라는 곳에서 김정일 위원장이 우리 일행 전원을 초대했어요. 내 옆에 문정인 교수가 앉아있었고 또 한 옆으로는 리종혁 위원장(일제강점기 카프를 대표하는 소설가 이기영李箕永의 아들)이 앉아있었어요. 김정일 국방위원장이 기분좋게 포도주를 몇 잔 들이키고 식사가 진행되면서 분위기가 무르익었고, 사람들은 긴장이 풀렸어요.

그러자 문정인 교수가 기분이 좋아 한국식으로 술잔을 들고 김정일 위원장에게 가려고 했어요. 그러니까 양쪽 의전들이 다 말렸어요. 그래서 난 묘수를 냈지요. 술잔 대신 천하의 명창 안숙선을 데리고 김정일 위원장에게 갔지요. 그러니 어여쁘게 한복을 입은 안숙선 명창과 흰 무명 두루마기를 입은 내가 가는데 그 압도적인 분위기에 아무도 우리를 못 막았어요. 안숙선 선생 보고 노래 하나 하라고 했죠. 나는 사철가를 부르라고 하는데 자기는 사랑가를 부르겠다고 하더군요. 그런데 북장단이 없으면 꼴이 아니라는 거에요. 사랑가는 중중모리거든요.

그런데 북이 없는 거에요. 그래서 내가 김정일 위원장이 앉아있는 그 식탁을 북으로 두드렸어요. 아마도 김정일 위원장 식탁을 시골에서 소주 먹는 사람들이 젓가락으로 두드리듯 두드린 것은 북한역사상 처음 있는 일이었을 것 같아요. 내가 식탁을 탁 칠 때마다 김정일 위원장의 숟가락이 들썩들썩 하더라구요. 그때마다 모두 움찔움찔 끔찍한 표정을 짓더라구요. 특히 북한 관료들은 날 죽일 듯이 쳐다보더라구요. 그런데 김정일 위원장이 나를 즐거운 눈으로 바라보면서 아무런 스트레스를 주지 않았어요. 그래서 그 장면은 무사히 넘어갔고 아주 화기애애한 분위기로 바뀌었어요. 나는 김정일 위원장과 두 번이나 악수를 했습니다."

"거 참 대단한 일화군요. 백화원의 음식이 아주 맛있다는데 생각나는 게 있으세요?"

"내가 어렸을 때 아주 얌전한 개성 아주머니가 천안 작은 재빼기에 사셨어요. 개성보쌈김치를 얼마나 맛있게 깨끗하게 담그시는지, 지금 생각해도 그 마알간 모습은 그 분의 인품과 더불어 매우 향기롭습니다. 그런데 백화원에서는 그런 개성보쌈김치를 커다란 배를 파고 그 안에 담궈놓았습니다. 시원한 배국물 속에 보쌈김치가 찰랑거리는데 그것을 '배속김치'라 불러요. 하여튼 내가 이 지상에서 먹어본 최상의 음식이었습니다. 지금도 잊을 수가 없네요."

"선생님이 미식가에다가 요리의 달인이라는 것은 알 사람은 다 알고 있는데, 그 정도로 칭찬하시는 것을 보면 대단한 음식이었던 것 같군요. 또 뭐 딴 음식이 생각나시나요?"

"그 외로도 백화원에서는 찰수수떡, 칠면조구이, 왕새우찜, 감자떡, 전복즙 상어날개, 쏘가리찜, 비둘기철판구이, 송이버섯볶음, 잣죽, 들쑥

얼음보숭이(아이스크림) 등등이 나왔는데, 모두 수준 이상이었고, 맛이 담박했습니다."

"자아~ 너무 말이 갑자기 삼천포로 빠진 것 같은데, 벌써 꽤 긴 세월이 지났지만, 특별수행원으로서 당시 현장에서 느꼈던 감정이나 생각, 이런 것들 중에서 지금 함께 나누시고 싶은 이야기가 있을 것 같은데. 뭐 전체적인 인상 같은 것……"

"물론 많죠. 이 방문은 국가원수 대 국가원수의 만남으로서는 두 번째 사건이라고는 하지만 김대중 대통령께서는 비행기를 타고 가셨어요. 그러나 10·4방문 때는 육로를 통해 갔고, 노 대통령께서는 국경을 도보로 건너셨어요. 도보로 건넌 것은 1948년 4월 19일 김구 선생이 4자 회담을 위해 38선을 건넌 후로 처음 있는 일이었지요. 따라서 방문단의 규모도 컸습니다. 국가의 중요한 인물들이 다같이 가는 행사였으니까 이벤트도 많았고 그만큼 느낌도 컸습니다. 나같은 촌놈이 스테이트 비지트 state visit에는 처음 따라간 것이니까 느낌이 많을 수밖에 없었죠. 나는 현대아산 사람들과 친했던 덕분에 금강산과 개성공단은 많이 가봤어도, 평양은 처음 간 것이거든요. 별로 공개되지 않았던 나라의 심장부, 그 수도를 가는 느낌은 나같이 감성이 풍부한 사람에게는 가슴 떨리는 일이었어요. 그런데 지금 내가 말을 자꾸 어정쩡하게 하는데, 솔직히 말해두 될까 해서 좀 떨리기 때문이죠. 솔직히 말해도 됩니까?"

"아니, 선생님, 왜 그러세요. 선생님처럼 솔직하게 말씀하시는 분은 대한민국에 없잖아요. 무조건 솔직하게! 100%, 120% 솔직하셔도 됩니다."

트루먼 쇼

"나는 솔직히 말하자면, 내 눈에 들어오는 광경이 모두 『트루먼 쇼 *The Truman Show*』(1998년 작. 짐 케리 주연, 피터 바이어Peter Weir 감독: 한 사람의 생애가 완벽하게 조작되는 텔레비전 세트 속에서 이루어진다)의 장면 같았어요. 길거리에서 보이는 것들이 조작되지 않은 것이 없었어요. 모두 상부의 각본에 따라 우리 눈에 어떻게 어떻게 보여지도록 연출되고 있었어요. 어찌 보면 너무도 순진한 사회라고 말할 수도 있겠죠. 나는 연극, 영화 연출을 해보았기 때문에 좀 알지요."

"여러분들 모르셨죠. 도올 선생님께서는 연극 연출도 하시고, 영화 시나리오도 쓰시고, 하여튼 활동분야가 엄청 넓으시죠. 저도 청년시절에 선생님의 영화·연극대본, 그리고 무술에 대해 쓰신 책을 읽었어요. 그런 것이 선생님의 어려운 철학책보다 더 저의 상상력을 자극했지요."

"개성시내를 지나가는데 학생들의 아침등교길이었어요. 깨끗하게 옷을 차려입고 칼라를 빳빳하게 다려 입은 여학생들이 둘씩 둘씩 걸어가는데 책가방을 뉘어 품에 들고 그 위에 책을 놓고 읽으면서 가는 거에요. 아니, 그게 말이 돼요? 아침에 학교 가기도 바쁠 텐데, 그토록 불편한 자세로 가방을 팔 위에 놓고 걸어가라는 게 말이 돼요?"

"어린 여학생 팔이 굳었겠네요."

"그래서 우리 버스가 지나간 후로 어떡하나 보았더니(나는 버스 뒷켠으로 가서 그 후의 동작을 주시했다), 아이들이 그런 자세를 후유 하고 풀더라구요."

“빼스 뒷켠까지 가셔서 또 그 후속자세까지 관찰하셨군요. 참 주도면밀하시네요.”

“그게 또 문제가 되었죠. 나는 제일 앞자리에 앉아있었는데 입구의 접이의자에는 통전부 사람이 앉아있었죠. 그런데 이 사람이 내가 날카롭게 사물을 관찰하고 보이는 대로 카메라를 눌러대니까 불안했던 거에요. 그러나 망원렌즈가 따로 없는 소형카메라에 한해서는 지참이 허락되었고 촬영도 자유롭게 할 수 있다고 보증을 했었거든요. 어찌 되었든 나는 김정일 위원장 동지의 초청으로 국빈자격으로 온 사람 아닙니까? 내가 통전부 말단 직원에게 꿀릴 일이 있습니까? 그런데 내가 왔다 갔다 하면서 사진 찍고 방정을 떤다고 심하게 핀잔을 주는 거에요. 나보다도 나이가 새카맣게 어린 사람일 텐데, 북한사람들은 고생을 해서 그런지 나이 들어 보이는 사람이 많아요. 나는 그 직원 말에 아랑곳없이 내 할 일 계속했어요.

대동강 변에서 우리 빼스를 향해 손을 흔드는 평양 시민들

그런데 서흥 수곡휴게소라는 곳에서 통전부의 고위관리가 올라왔어요. 그런데 그 사람이 날 알아보고 '도올 선생님' 하고 넙죽 인사를 하는 거에요. 그래서 옳다구나 하고 그 사람에게 대뜸 말했죠. '이 친구 버릇 좀 고쳐놓으세요. 인민에게 어떻게 복무를 해야하는 건지 전혀 몰라요.' 그 뒤로 그 친구는 코가 납작해졌습니다. 그렇게 콧대 높던 친구가 내 앞에서 설설 기는 모습을 보니깐 또 측은하더라구요. 하여튼 재미있는 사회였어요. 그러나 이러한 사회의 모습은 이승만시대, 자유당만능시대나 군사독재시절에 우리가 겪었던 우리 모습이거든요. 별로 이상할 것이 없어요. 물론 내가 방문했을 때와 지금의 북한사회는 또 많은 변화가 있을 것입니다."

"아주 사소한 것 같이 보이는 비근한 이야기를 예를 들어 말씀하시니까, 더 감이 잘 오는 것 같네요."

플라톤의 유토피아

"하여튼 나는 북한사회는 플라톤이 말하는 유토피아 비슷한 측면이 있는 사회라는 생각이 들었습니다."

"아~ 이거 조선일보에서 잘못 보도하면 큰일 나겠네요. 신문들은 항상 단장취의斷章取義하기를 좋아하니까요. '도올 김용옥, 북한이 지상천국이라고 주장,' 이렇게 제목을 뽑아내면 곤란하거든요."

"그렇죠! 일면에 그렇게 실으면 나는 당장 이상한 사람이 되겠네요. 그런데 제가 여태까지 말씀드린 문맥에서 보면 '유토피아'라는 표현이 좀 어색하지 않습니까? 앞뒤 아귀가 잘 맞지 않는 것 같지요. 유토피아는 플라톤이 쓴 말이 아닙니다. 희랍어에 '유토피아'라는 말이 없어요. 다시 말해서 유토피아라는 것은 희랍의 사상가들은 생각해본 적이 없는 개념이에요. 그렇다면 유토피아는 언제 생겨난 것이냐?

유토피아는 라틴어의 표현인데, 희랍어의 부정사 '우*ou*'와 장소place를 나타내는 '토포스*topos*'를 합쳐 만든 것인데, 그 말은 제작자와 제작연도가 뚜렷하게 있어요. 그것은 1516년에 영국의 사상가이며 법률가이며 정치가인 토마스 모어Sir Thomas More, 1478~1535라는 사람이 쓴 『유토피아』라는 작품에서 처음 만들어진 조어a coined word이지요. 소위 16세기부터 시작된 공상적 공산주의 작가들에 의하여 유행하게 된 말이죠. 사실은 유토피아가 공산주의적 사유의 소산은 아니지요. 오히려 유토피아적 사유가 공산주의라는 이념을 촉진시켰다고 보아야겠지요.

사실 토마스 모어만 해도 헨리8세가 앤 공주와 결혼하는 것을 반대한 보수주의자였어요. 뭐 앤 공주와의 결혼을 반대했다기보다는 캐서린과의 이혼을 합법적인 것으로 인정할 수 없었던 것이죠. 그러니까 카톨릭 정통주의를 고수하고 모든 개신교를 탄압한 대법관이었어요. 결국 시세에 역행한 그의 보수적 양심 때문에 그는 모가지를 참수형 도끼날 위에 올려놓을 수밖에 없었죠. 또 말이 옆으로 새나가고 말았는데요, 유토피아는 근세적 개념이고 고전철학의 개념이 아니라는 것을 말하려 했지요. 그리고 유토피아는 '아무 데도 없는 곳'이라는 뜻이지, 곧바로 '이상국가'를 의미한다는 것은 아니죠. 그런데 자꾸만 학술적인 데로 흘러도 괜찮을까요?"

"이 정도까지는 괜찮겠지요. 청중 여러분, 괜찮지요? 저는 좋아요."

청중으로부터 격려의 박수가 터져 나왔다.

"플라톤은 실상 아무데도 없는 관념적 공상의 사회를 그려본 적은 없습니다. 플라톤의 저작을 우리가 어렸을 때 『이상국가론』이라고 보통 번역했기 때문에 그런 오해가 생겼는데, 희랍어 원어로는 그냥 『폴리테이아*Politeia*』라고 하죠. 박종현 선생님께서 희랍어 원전에 입각하여 매우 훌륭한 우리말번역(너무 꼼꼼하게 잘 번역되어 우리말 이해가 어려운 측면이 있다)을 하셨는데, 그것을 『국가 · 정체政體』라고 번역하셨어요. 플라톤이 생각한 국가는 폴리스(작은 규모의 도시국가)였습니다. 그러니까 플라톤은 이상적 모범(*paradeigma*)을 제시하는 나라를 자기 나름대로 구상해본 것인데, 그것이 현실불가능한 공상적 뿐이라고 생각하지는 않았어요. 그러니까 플라톤은 최고선The Supreme Good을 구현하기 위하여 폴리스의 성원들의 삶이 엄격히 통제된 정체政體를 구상한 것이죠. 그런데 여러분들은 플라톤 하면 뭐 대단히 위대한 인물이거니 하고 생각하실 텐데, 그가 하는 말은 진짜 개소리가 많아요. 우선 그를 개인적으로 욕하지 않는다 해도 우리가 조심해야 할 것들이 많아요. 역사적 가치관의 상대성에 관한 것이죠."

"조금 더 쉽게 말씀해주시죠."

"우리가 희랍의 도시국가라는 것을 생각할 때에는, 페리클레스Pericles, BC 495~429와 같은 탁월한 민주적 지도자, 위대한 예술, 문학, 드라마, 스포츠, 건축의 프로모터에 대한 인상 때문에 뭐 대단한 인류문명의 프로토타입들이 모조리 압축적으로 구현된 최상의 문명태라고 생각하기 쉽지만, 실상 도시국가는 '전쟁국가warring states'일 뿐이었어요. 항상 전쟁중에 있는 나라들이었죠. 오죽하면 전쟁하기가 그토록 지겨워서 전쟁을 오락적으로 해보자 해서 '올림픽'이라는 휴전게임을 만들었겠습니까? 올림픽 종목조차도 모두 전쟁을 위한 기술과 관련된 것입니다(육상, 투창, 레슬링, 복싱, 판크라티온, 전차경주 등등).

그러니까 플라톤이 구상한 이상정체도 모두 전쟁지상주의와 관련이 있습니다. 위대한 전사Warrior를 길러내기 위한 교육과 훈육에 모든 초점이 맞추어져 있습니다. 출생부터 우생학적으로 컨트롤되며(빌빌하는 애는 죽여버린다), 감상적인 문학이나 소설이나, 음악, 연극도 허용되지 않으며, 음식도 체력단련을 위하여 철저히 통제된 음식만을 섭취해야 합니다. 더욱이 경악할 것은 사유재산의 철저한 폐지를 위하여 가족이라는 개념이 완벽하게 파괴됩니다. 일정 수의 부인들이 일정 수의 남자들의 공동의 아내가 됩니다. 어떠한 남자도 자기 개인의 아내를 갖지 못하는 것이죠.

그러므로 플라톤의 이상국가에서는 우리가 말하는 '아버지' '엄마'라는 말이 성립하지 않습니다. 그것은 일정한 세대간의 보통명사일 뿐이죠. 나를 낳을 수 있는 나이 세대의 모든 사람이 아버지가 되고 엄마가 되는 것이죠. 물론 아들, 딸도 마찬가지입니다. 그렇게 되면 사적인 감정이 사라지게 되고, 개인소유의 감정이 감소되며, 공적인 정신public spirit이 지배하지 못하게 되는 장애물이 다 제거된다는 것이죠. 플라톤의 저작을 읽고 있으면 하도 황당하고, 논리적으로 구멍이 뻥뻥 뚫린 이야기가 너무도 많아서 기가 찹니다. 그런데 플라톤시대에는 아테네 남쪽으로 펠로폰네소스반도에 스파르타Sparta라는 매우 독특한 도시국가가 현존하고 있었는데, 실제로 플라톤은 현실적인 스파르타의 사회상을 모델로

했다고 하죠."

"아니 그렇게 황당한 얘기들이 『국가론』에 쓰여져 있단 말입니까? 그에 비하면 공산주의는 아무것도 아니네요?"

"결국 우리가 공산주의라는 20세기 인류의 대실험에 관해 어떠한 얘기를 해도, 그것은 이미 플라톤의 이데아론 속에서 마음대로 자행되고 있었다는 얘기죠. 제가 북한사회를 보고 플라톤이 말하는 유토피아 생각이 났다는 것은, 진실로 복잡한 감정이 교차되었다는 뜻이죠."

"물론 그것이 이상사회ideal society라고 말씀하시는 것은 아니잖아요?"

"저는 부정과 긍정, 그 양면을 다 보고 말씀드린 거에요. 1960~70년대에 유행했던 일본 적군파赤軍派(공산주의자동맹적군파의 약칭) 청년들의 입장에서는 북한사회가 지구상에 존재하는 이상향의 구현체로서 확고한 이미지를 가지고 있었습니다. 불란서에서 상당히 저명한 고등한 지식인들이 마오이스트를 자처하면서 중국의 문화혁명Cultural Revolution을 반문명Counter-Culture의 위대한 과업으로서 예찬한 낭만적 시대도 있었습니다. 그러나 지금 북한이나 중국을 그렇게 로맨틱하게 바라보는 사람은 이 지구상에 개코 만큼도 없을 것입니다.

그러나 또 어찌 보면, 그토록 철저히 소아小我가 대아大我를 위하여 희생하고, 개체가 전체적 가치를 위해 양보하는 집체적 성격의 국가를 이토록 개명한 21세기 국민국가nation state시대에 유지하고 있다는 사실,

알랭 바디우Alain Badiou, 1937~ 에꼴 노르말 슈페리외르(ENS)의 철학교수를 지냈고 사르트르 이래의 불란서 철학계를 이끌고 있는 거장. 진리, 존재, 사건, 주체, 공백으로서의 이방인 등에 관해 매우 독창적인 견해를 가지고 있는 바디우도 마오이스트로 자처하는데, 그가 말하는 문화혁명이란 역사적 사실에 근거한 것이라기 보다는 사유의 전복을 상징하는 것이다. 그는 지금도 공산주의가 하나의 정치적인 힘으로서 되돌아와야 한다고 믿는다. 그는 내가 추구하는 종교, 철학, 역사의 제 문제에 관하여서 깊은 관심을 표하였다. 2013년 10월 1일 나의 동숭동 서재에서 촬영.

그것이 우리 한민족의 정신적 성향의 어떤 측면을 집약적으로 구현하고 있다는 생각이 들기도 해요. 나는 그런 사실이 참 기특하기도 해요."

"기특"이라는 말에 청중들로부터 웃음이 터져 나왔다.

"얘기가 참 재미있는데요, 몇몇 일화를 더 소개해주시죠."

북한 지성과의 대화

"우리는 10월 2일(화요일) 새벽 5시에 경복궁 주차장에 도착하여 뱃지와 여권수첩을 받고 곧 출발했습니다. 그 첫날은, 김책공업종합대학을 탐방한 일 이외로는 별로 큰 이벤트가 없었습니다. 그래서 나는 시간이 많이 남았기 때문에 보통강호텔에 머무는 것 외로 좀 자유롭게 평양시내를 걷게 해달라고 몇 번이나 간청했습니다. 통일부는 교섭을 해보았지만 북측은 나의 제안을 거절했습니다. 그래서 나에게 자유보행을 허락지 않는다면, 내가 북한의 젊은 학자들이라도 만나서 사상논쟁이라도 할 수 있는 기회를 좀 만들어달라! 그래야 내가 남녘의 동포들에게 의미있는 북한의 실상에 관한 정보를 전할 수 있을 것이 아닌가? 이러한 나의 요청이 모두 거절당했죠. 그저 보통강 주변에 허락된 일정 구간만을 어슬렁어슬렁 거닐 수밖에 없었습니다.

그런데 그곳에도 모두 연출된 보행자들 뿐이었어요. 보통강 지류 위로 무지개다리가 하나 있었는데 사람들이 계속 왔다갔다 하는 거에요. 그런데 보통 때는 그 다리가 사람이 거의 안 다니는 모양이에요. 한 사람이 자전거를 끌고 그곳을 건너갔다가 다시 건너오길래 그러려나 했는데, 한참 후에 와보니 또 같은 사람이 그 자전거를 끌고 왔다갔다 하는 거에요. 그 사람은 하루종일 그 다리를 왔다갔다 하는 임무를 맡았던 거죠. 그래서 내가 그 자전거꾼에게 말을 걸어보고 싶어 다가갔더니 인민보안성 사람이 절 막더군요.

그날 저녁 7시 목란관에서 조선민주주의인민공화국 최고인민회의 상임위원회 위원장 김영남이 베푸는 만찬이 있어서 참석했지요. 제가 7번 탁자에 앉아있는데 한 탁자당 북측 인사 2명이 앉아있기로 되어 있었어요. 그런데 내 옆에 앉은 사람이 걸쭉한 북한말로 말을 거는 거에요. 그래서 내가 다짜고짜, '선생은 어디서 뭐 하시는 분입니까?' 하고 물었더니, 무의식중에 자기가 누군지도 모르느냐는 듯이 날 쳐다보면서 이렇게 이야기하는 거에요.

'김일성종합대학의 교장 성자립成自立입네다.'

야~ 이거 웬 떡이냐 싶었죠. 그토록 북한학자들을 만나고 싶었는데 그 대빵을 여기서 만나다니! 그것도 편하게 얘기할 수 있는 자리에서!"

잠깐 사족을 붙이자면 성자립은 나와 동갑의 사람이고, 나보다 생일이 늦으니까 동생뻘이다. 김일성종합대학 경제학부에서 학부부터 박사까지 했는데, 그는 유명한 독립투사 성시백成始伯, 1905~1950의 아들이다. 성시백은 황해도 평산 출신으로 국내에서 공산주의활동을 하다가 상해로 망명, 1932년 중국공산당에 입당하여 중국공산당 산하 첩보조직의 지역총수로 활약한다. 그러다가 중국국민당 장개석의 직계 장군인 호종남胡宗南 사령관의 막료로 침투, 서안지구 공산당 정보기관의 총책임자로 활약한다. 그는 국민당 조직 내로 침투한 공산당원일 뿐만 아니라, 조선인임에도 불구하고 아무도 그가 조선인이라는 것을 눈치채지 못할 정도로 완벽한 중국어를 구사했다고 한다. 그의 천재적인 변장술과 일상적인 활약상은 주은래의 찬탄을 자아내, 주은래와도 깊은 인연을 맺는다. 나중에 김일성에게 발탁된 것도 주은래의 추천에 의한 것이라는 설도 있다. 1935년에는 조선민족혁명당(김원봉의 주도로 독립운동단체들이 합심하여 남경에서 결성)에 입당하여 연안과 중경을 무대로, 중국공산당, 장개석정부, 대한민국임시정부를 자유자재로 오가며 조선의 독립운동을 위하여 맹활약을 벌였다. 김구, 김구의 심복 엄항섭, 광복군 이범석과 깊은 친분을 쌓았고, 특히 윤봉길 의사가 홍구공원에 투척한 그 위대한 두 개의 도시락폭탄을 제작해준 김홍일 장군과는 호형호제하는 사이었다. 광복 후 남북이 분단되면서 성시백은 유능한 공산주의자로서 북조선으로 귀환했고 조선공산당 북조선분국 사회부 부부장을 지냈다. 그는 남로당을 견제하기 위한 북로당의 중심인물로서 활약했고, 남한 내에서도 활동했는데 결국 6·25전쟁 직전에 체포되었고 전쟁이 발발하자마자 6월 27일 처형되었다.

나는 EBS 해방60주년 특집다큐멘터리, "도올이 본 한국독립운동사 10부작"(2005년 8월)을 직접 출연하면서 연출한 사람이다. 공식적으로 방영된 독립운동사 다큐멘터리로서는 가장 방대하고도 유니크한 작품이다. 아직도 이 다큐를 능가하는 작품이 없을 뿐 아니라, 이 작품은 수많은 영화, 드라마, 다큐 제작에 깊은 영향을 주었다. 이 다큐를 찍는 과정은 내가 조선대륙에서 살고 있다고 하는 보람을 느끼게 해주었다. 나는 내 생명의 가치를 확인할 수 있었다. 그리고 이 작품은 나를 현대사가로 변모시켰다. 나는 이 다큐를 만들면서 독립운동에 헌신한 모든 사람들의 발자취를 그 현장에서 느껴보았다. 그리고 그들에 대한 이념적,

당파적 규정이 얼마나 허망한 것인가, 실제 그들이 흘린 눈물과 피의 가치를 내 삶의 진실로서 절절하게 느껴볼 수 있었다.

"그 사람은 날 모르는 상태였어요."

"아니, 김일성대학 총장이 도올 선생님을 모른다고요? 그게 있을 수 있는 얘깁니까?"

"아니, 내가 이렇게 흰 두루마기를 입고 있었고, 또 내가 좀 젊어 뵈잖아요. 그 사람은 날 한 40대로나 본 모양이에요."

"40대"라는 말에 캬아~ 하고 청중들이 날카롭게 웃음을 터뜨린다. 나의 청춘을 축복하는 웃음인지, 나의 자만을 야유하는 웃음인지 도무지 알 수 없다.

"아 절대동안絶對童顔 도올 선생님."

"그래서 아름답게 대화가 진행될 수 있었죠. 지적 욕구가 솟구치더군요."

자아~ 그때 목란관 만찬에서 했던 이야기에 관해서는 직접 내가 성자립과의 대화한 장면을 여기 옮겨놓기로 하겠다.

"뭘 전공하셨습니까?"

"경제학을 공부했소."

"사회주의 경제학만 하셨습니까?"

"우리는 부르주아 경제학도 합네다."

"프리드만도 공부했습니까?"

"케인즈다, 프리드만이다, 이런 경제학의 흐름이야 다 기초가 아니겠소?"

"외국서 공부하셨습니까?"

"난 국내에서만 공부했습네다. 헌데 열심히 질문하는 당신은 뭘 공부했소?"

"철학을 공부했습니다."

"철학도 여러 가지가 있갔는디 뭔 철학을 공부했소?"

"동·서양의 고전철학을 두루 공부했습니다만, 제가 공부한 것을 아시면 너무 엘리티즘에 빠져있다고 비판하실 것 같네요."

"우린 엘리티즘을 거부하지 않아요. 머리가 영민한 사람이 독서 많이 하는 게 뭐가 나쁘갔소. 단지 모든 지적 추구가 사회적 현실을 주체적으로 개조하는 목적을 위해 창조적으로 활용되어야 한다는 것을 강조합네다. 나도 포이에르바하도 읽고 칼 맑스도 열심히 읽었습네다."

"주체철학을 염두에 두고 말씀하시는 것 같은데 주체가 도대체 무엇입니까?"

"맑시즘은 사회발전의 일반적 합법성을 유물론적 변증법에 의하여 규명했지만, 그것만으로는 도무지 자연과 사회의 지배자, 개조자로서의 인간의 본질적 특성을 밝힐 수 없습니다. 묻겠는데 사회발전의 동력이 무엇입니까?"

"맑스의 견지에서는, 물론 생산력*Produktivkräfte*과 생산관계*Produktionsverhältnisse*의 모순이겠지요."

"잘 아는구만. 그 모순을 운동 계기로 삼아 사회주의 사회가 도래했다 하더라도, 사회주의 사회가 가지고 있는 모순은 변증법적 유물론이 해결치 못한단 말이오. 바로 그 사회주의 사회의 모순을 해결한 것이 주체철학이오."

"어떻게 해결했습니까?"

"유물론은 물질과 의식의 관계에 있어서 그 선차성을 물질에 부여합니다. 그렇게 되면 인간은 수동적이 되고 말아요. 주체철학은 사회적 존재인 사람의 본질적 특성이 자주성과 창조성, 의식성이라는 것을 밝힘으로써 사람을 중심으로 세계를 대하는 관점과 입장을 밝혔지요."

“자주성을 떠나서 창조성을 발양할 수 없으며, 창조성을 떠나서 자주성을 옳게 실현해나갈 수 없다. 그리고 자주성과 창조성은 의식성을 전제로 하며 또 그에 의하여 담보된다. 이런 얘기는 나도 수긍이 가는 얘기인데, 물질에 대하여 인간 의식의 주동성을 강조한다면 주체철학은 유심철학이나 관념론이 되고 마는 것 아닙니까?”

“허허! 주체철학은 유물론을 부정하지 않아요! 포용합네다! 인간의 의식 자체가 물질로부터 발전한 것입니다. 그러니까 물질 가운데서도 가장 발전한 사람이 덜 발전된 주위세계를 지배하고 개조해나간다는 것이에요. 인간은 자기 운명의 주인이며 스스로 자기 운명을 개척해나갈 수 있다! 그러한 신념을 담보하는 위대한 사상무기를 근로인민대중에게 안겨준 것이지요.”

“좋습니다! 그러나 그렇게 인민의 주체성을 강조한다면, 근로대중 개인의 주체적 창발성도 인정해야 할 것 아닙니까? 왜 그 주체가 대중의 집단적 주체가 되어야만 하며, 왜 꼭 당의 지배를 받아야만 합니까?”

“당신이 철학을 한다고 말장난을 하지 마시오! 우리는 조국을 위한 철학을 해야 합니다! 로동계급의 혁명리론을 얘기하고 있는 것입니다. 세계를 근본적으로 변혁하는 심각하고 복잡한 투쟁, 광범한 대중이 참가하는 투쟁을 이야기하고 있는 것입니다. 동무! 사람이 사회적 존재라는 것은 인정하시오?”

“혼자 살 수는 없다는 정도의 얘기겠지요.”

"인간은 자연의 횡포로부터 자신을 보호하기 위하여 집단의 힘으로 살아왔소. 단결과 협력은 인간의 본질적 존재방식이란 말이오. 그 협력을 조직하고 이끄는 주체가 당이란 말입니다. 당이 없으면 사회적 인간도 존재하지 않소."

"그러나 당의 리더십의 정당성은 어디에 근거하고 있습니까?"

"수령이 계시지 않소!"

"수령의 리더십의 정당성은 누가 체크합니까?"

이때, 그의 얼굴은 울그락 불그락 화통처럼 변했다. 갑자기 큰 소리로 화를 냈다.

"이 사람 개똥철학 하는 사람 아닌가? 당신은 사이비야! 당신은 사이비야!"

김일성종합대학 교장 성자립

"당신이 날 사이비라고 규정한다면, 나 또한 당신을 사이비로 규정할 수 있는 논리가 천 개, 만 개 준비되어 있소."

이때 성자립 총장은 전선을 가다듬어야겠다고 생각한 것 같았다. 차분하게 묻는다.

"도대체 당신이 누구요? 이름이 뭐요?"

"남조선의 사상가, 도올 김용옥이외다."

이 순간, 그의 표정은 확 변했다. 그는 분명하게 도올 김용옥이 어떤 사람인지를 알고 있었던 것이다. 나를 자기보다 어린, 한 급이 낮은 학도로만 생각했던 것이다. 그러나 그는 나의 전모를 소상히 파악하고 있었다.

"아니 이게 웬일인가, 당신이 도올 선생이란 말이오? 그럼 뭐 내 말은 죄다 알아듣겠구만. 이 한마디만은 확실히 해둬야겠소. 수령은 당신들이 생각하는 그런 고립된 존재가 아니라 국민대중의 의사를 체현하는 존재란 말이오. 동유럽 사회주의가 멸망한 것은 바로 당만 있고, 최고영도자인 수령의 진정한 리더십이 없었기 때문이오. 그래서 인민대중이 당을 이반했소. 우리 주체사상은 개인의 개성적 자유와 창의성을 배척하지 않소. 그리고 수령과 인민대중은 하나요. 주체사상은 맑스레닌주의 틀 안에서 해석할 수 없는 독창적 사상이요. 그래서 시대적 성쇠에도 불구하고 오늘까지 이렇게 잘 버티고 있는 것이요. 당도 절대권력이 될 수 없소. 당의 관료화는 당의 죽음이오."

"오늘 목란관에 오는데 내가 좀 늦게 나왔다구, 날 안내하는 통전부 사람이 다시 늦으면 용서하지 않겠다구 협박조로 핏대를 올립디다. 도무지 인민에게 복무하는 자세가 부족하오."

"특정 사례를 일반화시키는 오류는 범하지 마시오."

"남측의 생각 있는 지성인들은 60·70년대까지만 해도 북측의 당과 인민이 창조적 결합을 했다고 믿고 있습니다. 그때까지만 해도 북측이 남측보다 더 잘 살았고, 학문적 성과도 매우 수준이 높았습니다. 그러나 동유럽이 무너진 후로 북측의 당은 관료화되어 인민의 진정한 주체성을 담아내지 못하고 있다고 생각하고 있습니다. 그것이 나 같은 사상가가 주체철학을 남측의 대중에게 설득시키지 못하는 가장 큰 장애요인입니다."

"악선전이지만 일리가 있는 견해라고 생각하오. 우리도 반성해야겠지요. 도올 선생! 좀 자주 놀러오시오."

성자립 총장이 "일리가 있는 견해"라는 말을 했을 때 그의 표정은 진실성이 있어 보였다. 나의 북한사회비판이 자기들의 아픈 곳을 찌르고 있다고 정직하게 시인하는 여유를 보여주었다. 나는 갑자기 한마디 했다.

"나 도올이 김일성대학에서 한 학기 한민족정신사에 관한 강좌를 하게 해주시오."

"고려해봅시다. 나도 남쪽에 가서 도올 선생과 같이 주체철학을 강의하면 사람들이 알아들을까요?"

"인기만점일 것입니다. 이렇게 교류가 이루어진다면 얼마나 좋겠습니까?"

여기까지 내 말을 들은 유시민은 정말 놀라는 표정을 지었다.

"선생님! 어떻게 이렇게 재미있는 얘기가 저같은 사람들에게 전달이 되지 않았을까요? 제가 꼭 물어보고 싶은 얘기들만 골라서 하셨네요. 성 총장도 자칫하면 곤란한 상황에 처할 수도 있었는데, 자기 입장을 고수해가면서 멋드러지게 자기 할 얘기는 다했네요. 너무 재밌어요."

"그렇죠. 여러분들이 성 총장과 제가 하는 얘기를 들으면서 이런 느

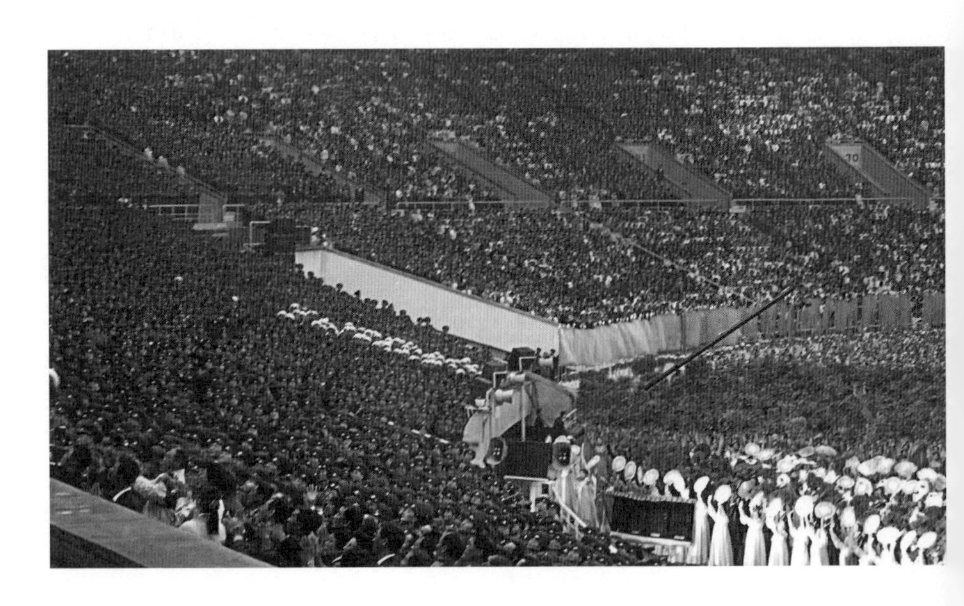

낌을 받으실 수 있을 거에요. 이 사람들이 어떠한 압박감에서 겉으로는 정해진 논리를 따라 이야기를 하고는 있지만, 그 내면에는 매우 상식적인, 그 상황 상황에 맞는 자기표현을 하고 있다. 이런 사실이 중요하다는 것이죠. 그 다음날이었어요. 능라도 5·1경기장에서 15만 명이 운집한 가운데서 아리랑축제가 열렸어요. 정말 15만 명이 일제히 정확한 동작에 맞추어 구호를 외칠 때 내 가슴을 울렸던 그 전율은 어찌 다 형언할 길이 없군요. 그리고 그날 밤 인민문화궁전에서 노무현 대한민국 대통령 내외가 주최하는 만찬이 있었어요.

전날은 북측에서 마련한 것이고 이날은 우리 남측에서 마련한 만찬이었죠. 그래서 분위기도 매우 릴랙스 되어 있었어요. 내 옆에 또 안동춘 조선작가동맹 위원장이라는 사람이 앉아있었는데 좀 또다른 캐릭터였어요."

"뭔 말씀을 나누셨나요?"

조선문화예술총동맹 중앙위원회 위원장 안동춘安東春, 1945~

"이 사람은 남쪽에서 준비한 술들을 매우 정중하게 음미하더군요. 고창 복분자술, 문배주, 안동소주를 번갈아 마시면서 아주 깊게 흠상을 하더군요. 그러면서 나에게 관심을 표명하면서 뭘 연구하는 사람이냐구 물어요. 그래서 다음과 같이 이야기가 이어졌죠."

"난 희랍의 고전철학, 인도철학과 불교철학, 중국의 고전철학 등 모든 고전에 관심을 가지고 살아왔습니다."

"동양과 서양사상이 다 머릿속에 들어있겠구만, 그 장단점을 비교해서 요약할 수 있소?"

"비교는 안 해요. 동양은 동양대로, 서양은 서양대로 좋으니까, 그냥 양쪽을 다 깊게 파지."

"그 중에서도 당신이 진짜 좋아하는 철학이 뭐요? 누가 제일 좋아?"

"닥치는 대로 다 공부하고 주석을 내니까 특별히 한 사람 내세우긴 곤란하지. 그래도 핵은 있는데 말하면 위원장 동지가 싫어할걸?"

"솔직히 말해보소."

"노자老子!"

"역시 내가 기대했던 대로구만. 당신의 체취가 공맹의 도덕주의를 좋아할 리 없지. 대해大海처럼 망망茫茫한 노자래야 당신 구미에 맞겠지."

"노자는 아나키스틱해서 주체사상과는 안 맞을 텐데."

"어허! 주체란 인간중심주의일 뿐이야! 노자 같은 큰 틀도 알아야 주체를 제대로 알지. 불교도 했소?"

"『금강경』을 주석했지. 해인사 8만대장경판과 산스크리트판본들을 대조하면서 엄밀한 주석을 했지."

"노자와 불교는 통하지 않는가? 『금강경』을 주석했다! 보아하니 당신은 이미 해탈하고도 남는 경지에 갔군. 그런데 해탈을 하지 않고 문자세계 속에서 헤엄치는 것을 더 즐기고 있는 것 같군."

그러더니 그는 갑자기 내 흰 두루마기를 잡더니 세밀하게 살펴보면서

이와 같이 말하는 것이었다:

“당신의 무명두루마기는 한 올마다 고조선으로부터 내려오는 우리 민족의 정감과 심미적 감성이 배어있어. 이런 전통포는 북측에서는 구경 못해. 일품이군 일품이야! 소매 곡선 하나에서도 우리 민족의 역사가 느껴진단 말이야!”

그의 입에서 쏟아져 나오는 말들은 한 구절, 한 구절 취한 듯하면서도 인간의 심원한 정신세계를 예리하게 파악하는 선어禪語와도 같았다. 우리가 북한의 사람들이 자유로운 사고 그 자체를 못하고 있다고 단정 짓는 것은 매우 어리석은 일이다. 내가 목도한 북한의 인민들은 자신의 삶의 난관을 극복해나갈 저력이 있었고, 지식인들은 정신의 비상飛翔을 갈망하고 있었다.

이때 유 작가가 한마디 거들었다.

“사실 오늘 여기 도올 선생님을 모시게 된 사연은 좀 복잡합니다. 선생님 모시려고 교섭하는 시간만 해도 몇 개월 이상 걸렸구요. 그만큼 쉽게 올 수 있는 기회가 아니잖아요. 그래서 욕심 나는 대로 자잘한 질문들을 많이 준비해왔어요. 그런데 지금 선생님 말씀을 듣다 보니깐 그런 준비해온 질문들을 일문일답식으로 얘기했다가는 대담의 격을 확 떨어뜨리는 결과밖엔 없을 것 같네요. 그래서 선생님 말씀을 편안히 들어가면서 흘러가는 대로 즉흥적으로 떠오르는 질문만 드릴께요.”

“그럼 난 공포스러운데요. 아무것도 없는 무無의 벌판을 나 보고 헤쳐

나가라는 얘긴데……"

"왜 이러세요. 선생님은 생각 없이 툭툭 말씀하실 때가 제일 매력적이에요. 함축미도 더 있구요."

극장국가

"하여튼 유 선생만 믿고 가볼께요. 이왕 얘기가 나온 김에 개념적으로 정리를 하자면, 북한학 학자들이 북한사회를 규정하는 말 중에 '극장국가'니, '유격대국가' 하는 말이 있습니다. 유격대국가라는 뜻은 수령이 유격대 사령관이고, 전 인민이 유격대 대원인 국가, 그런 모습을 지칭하는 것이겠죠. 유일사상체계의 확립과 항일유격대원의 모범화, 그리고 주체사상이 확립됨으로써 드러난 국가체제의 모습이겠죠. 그런데 이런 유격대국가나 극장국가는 알고보면 내용이 비슷한 거죠. 유격대국가의 모습 그 자체가 극장에서 연출되는 쇼 같은 거잖아요? '극장국가'라는 말은 권력의 행사 그 자체가 의례로서 그 모습을 드러내고, 또 권력의 행사 그 자체가 연극화되는 국가라는 뜻이지요. 북조선연구의 권위로운 학자인 와다 하루키和田春樹, 1938~ (동경대학 문학부 출신의 학자. 러시아사, 한국사 전공. 동경대학 사회과학연구소 명예교수)가 잘 쓰는 말이죠.

그런데 '극장국가'라는 말은 원래 프린스턴대학의 인류학 교수였던 클리포드 제임스 기어츠Clifford James Geertz, 1926~2006가 만든 말이에요. 기어츠는 미국의 상징주의 인류학symbolic anthropology의 대표적인 사상가였어요. 그러니까 어떤 사회든지 그 사회가 드러내는 문화적 상징체계가 있는데 그 상징체계들의 연관된 의미를 파악함으로써 그 사회의 진면목을 알 수 있다는 것이죠. 그러니까 북한사람들의 행위를 그 자체로서만 파악할 것이 아니라, 그 행위와 관련된 수많은 맥락이 있고, 그 맥락의 연관성을 기술하다 보면 그 사회가 지향하는 의미체계를 알 수 있다는 것이죠.

이런 기술방법을 '두꺼운 기술Thick Description'이라고 불렀는데, 물론 '얇은 기술Thin Description'과 대비되는 말이겠지요. 현상적 기술보다 더 깊은 내면의 기술, 그것도 표피적인 보편성이 아닌, 상징의 주관적인 깊이를 다 드러내면 보다 더 정확하게 그 사회의 모습이 드러난다는 것이죠. 극장국가라는 말이 정치학자들이 말하는 바대로, 그렇게 피상적인 개념이 아니지요."

"선생님 말씀을 듣고 있으면 북한사람들이 알 것 다 알면서 가면무도회를 하고 있다는 생각이 들어요. 인민의 뇌수인 수령님이 계시고, 그 수령님의 의지를 실천하는 조직으로서의 당, 그리고 당을 통해서 인민의 의지가 표출되는 드라마! 그러나 세상은 꼭 드라마대로 돌아갈 수는 없다는 것은 잘 알고 있지만, 그렇다고 바른 소리를 하면 사회가 혼란스러워지고 문제가 생기니깐, 모두가 드라마대본을 진리로서 신봉하는 양 쇼를 하고 있는 가면무도회! 사실 이런 생각을 저도 직감적으로 해왔는데 선생님 말씀 듣다 보니까 뭔가 더 구체적인 느낌이 확 다가오네요."

"배우들이 연출대본대로 명연기를 한다고 해서, 그 연극 중의 삶과 자기 인간으로서의 삶이 일치할 수는 없는 거죠. 배우로서의 삶이 있고, 또 그 대본에 감정을 맞추어 열연을 하지만, 그 배면에는 다른 자기의 모습이 있는 것이죠. 나는 북한사람들의 상식을 믿어요. 겉으로 드러나는 심볼의 연관구조를 통해 그들의 삶의 내면까지 읽어내는 예지가 우리에게 필요하다고 생각해요."

"선생님의 말씀은 항상 우리로 하여금 그 전체를 통찰하게 만드는 힘이 있어요."

"북한만 극장국가가 아니죠. 남한도 비슷한 극장국가 아닐까요? 북한에는 연출가가 한 명이라면 남한에는 여러 명이 있고, 대본도 좀 더 해석이 느슨한……?"

유시민론

자 이쯤에서, 본격적인 논의에 들어가기에 앞서, 나 도올이 어떻게 이 책을 쓰게 되었는지에 관해 몇 마디 해야겠다. 나는 본시 고전학자이다. 어려운 한문고전과 평생을 씨름해온 순수한 인문학자이고, 철저하게 정통적인 학문수련을 받아온 철학도이다. 나는 중학교 때 4·19혁명, 5·16군사쿠데타를 겪었고, 대학교 때는 군사독재정권의 압제가 극심해져 가는 혼란상을 체험했지만, 1972년에 대만으로 유학을 떠나 1982년에 미국 하버드대학에서 박사학위를 받고 귀국하여 고려대학교 철학과 교수로 취임했기 때문에, 우리 현대사의 가장 암울했던 시기를 외국에서 공부만 하면서 학문을 연마하는데 전념하면서 흘려보냈다. 지금도 70년대에 이름을 날린 가수들은 잘 알지를 못한다.

나는 1982년부터 우리 역사의 진통에 몸으로 참여해보려고 내가 가르치던 학생들과 함께 무던히 노력해보았지만, 나는 이미 교수의 신분이었고 학문적 업적의 루틴이 나의 행동을 제약하는 관성이 있었기 때문에 앙가쥬망의 방식도 실천적인 방식보다는 이론적인 측면이 강했다. 나는 드디어 내 실천적 양심에 따라 양심선언(1986년 4월 8일)을 하고, 교수직을 박차고 나와 역사의 소용돌이 한복판에 서게 되었다. 그 뒤로 나는 황야의 외로운 늑대처럼 단독자로서 역사의 신God of History 앞에 섰다. 그리고 독자적인 학문의 고행을 해왔다.

이러한 나에 비하면 유시민柳時敏은 나와는 현저히 다른 삶의 궤적을 걸어온 사람이다. 내가 1982년 고려대학에서 강의를 시작했을 때, 내 대학원강의를 들은 첫 제자들이 77·78학번 세대였으므로, 유시민은 나의 첫 제자세대의 사람이라 말해도 어폐는 없다. 본인도 나 보고 "유시민군"으로 불러주셔도 좋습니다 하고 말한다. 일본에서는 선생에게 "아무개군"이라 불리는 것을 영예롭게 안다. 그만큼 친근한 정이 담겨 있다고 믿기 때문이다. 하여튼 유시민은 현재 대한민국의 가장 영향력 있는 지식인의 대명사이다. 나보다도 훨씬 대중에게 어필하는 힘이 있다. 인기로 말하자면 김어준 같은 사람이 탑으로 꼽히겠지만 유시민의 매력은 치열한 지성미에 있다.

유시민의 생애는 철저히 앙가쥬망을 실천한 삶이다. 존재의 가치를 사회공동체의 프로세스 속에서 구현하면서 확인하고 수정하고 또 확대해온 삶이다. 그러나 그러한 실천가들은 많지만 유시민의 장점은 그러한 프락시스(praxis, 사회적

실천)를 철저히 이론화하고 또 학문적인 도구를 활용하여 논리적인 구조물들을 계속 창조해왔다는 데 있다. 유시민은 공부를 게을리하지 않는다. 합리적인 이성의 공구들을 매우 날카롭게 단련하여왔다.

내가 유시민에게 따라갈 수 없는 것은 한국정치사의 장면장면에 대한 이론적 숙지의 깊이에 관한 것이다. 그리고 어떠한 현대사의 문제가 닥치더라도 그 문제를 합리적으로 분석하는 능력에 관한 것이다. 그가 단순히 "말을 잘한다"고 하기보다는 "항상 그의 논리가 합리적인 보편성을 획득하고 있다"고 평해야 할 것이다. 그는 얄미울 정도로 이성적이고 합리적이다. 그런데 요즈음은 나이가 들어서 그런지 "얄미운" 정감이 매우 "친근하고" "구수한" 깊이로 바뀌는 성향이 있다.

그러나 평소 나와 유시민은 만나기가 어렵다. 세대가 다르고, 삶의 방식이 다르고, 인적인 네트워크가 별로 겹치지 않기 때문에 서로가 리스펙트는 할지언정, 막상 같은 자리에 서게 되질 않는 것이다. 그리고

솔직히 말해서 서로가 서로를 충분히 알지 못하는 것이다.

그런데 유시민이 나에게 10·4남북정상회담 12주년을 맞이하여 알릴레오 토크를 제안하여 왔다. 상당히 오래전부터 노무현재단에서 교섭이 있었으나 나는 거절하였던 것이다. 나는 장고長考 끝에 주제를 통일로 하고, 강의형식이 아닌 대화형식이라면 좋겠다 하고 수락했다. 합의가 이루어졌고 2019년 9월 30일(월) 드디어 녹화가 결정되었다. 10월 4일부터 방영되어 유례없이 폭발적인 대중의 호응을 얻게 되었다(다양한 채널을 통하여 300만 정도가 시청).

이 책은 10월 4일의 대담을 나 도올 김용옥이 문자화한 것이다. 말의 세계와 문자의 세계는 같으면서도 너무 다르다. 고전에 있어서도 구전口傳the Oral Tradition과 문자의 전승the Written Tradition은 유니크한 각자의 세계가 있다. 말을 문자화할 때는 필연적으로 재구성reconstruction의 과정을 거치지 않을 수 없다. 이 책의 내용은 10월 4일의 대담을 기준으로 한 것이지만, 첨삭이 이루어지고 변조가 이루어지면서 재구성된 것이다. 그리고 시점을 고정시키지 않았다. 그 재구성의 전권을 유시민은 나에게 허락하였다.

이 책은 한국의 두 지성이 어떻게 지적으로 교섭하는가를 보여준 놀라운 기록이다. 그 연마된 지성의 교감의 장을 있는 그대로 보여주는 위대한 사건이다. 물론 나 도올이 주主를 이루는 형식을 취했을지라도 나의 발언은 유시민의 재치있는 어시스트 작업이 없이는 불가능했다. 그리고 무엇보다도 이 책은 한국지성의 진보된 모습을 과시하고 있는 통쾌한 역전逆轉의 장場이다. 유시민과 도올 김용옥이 서로를 이해하려고 노력했다는 것, 그리고 참으로 만났다는 것, 그 만남이야말로 우리 사회의 진보적 가치의 새로운 상징이다. 이러한 만남이 각계각층에서 이루어질 때 우리 사회는 진정한 진보적 가치를 구현하게 될 것이다.

"10·4선언 얘기는 그 정도로 마무리하지요. 평창동계올림픽을 계기로 해서 남북정상회담이 여러 차례 이루어지고, 북미정상회담도 두 차례 이루어졌습니다. 또 지금 북미정상회담 실무협상이 곧 시작된다는 얘기가 나오고 있습니다. 그런데 지금 이 무대에는 세 수령이 있어요(머뭇)."

주역 관상

"괜찮아요. '수령首領'이라는 말은 『관자管子』라는 고전에도 나오고 역사적으로 사서史書에 많이 쓰인 말이래서 문제없습니다. 남북문제 얘기하는데 재미있게 쓰셔도 문제없겠지요."

"북한의 수령은 김정은 위원장이고, 우리 대한민국의 수령은, 요즈음 검사들한테 수령대접을 못 받고 있기는 하지만 문재인 대통령이고, 미합중국의 수령은 트럼프 대통령이신데, 이 세 지도자의 등장으로 세 분의 카리스마가 어울리면서 작년 봄 이후의 상황이 전개되었다는 주장을 하시는 분들도 계시고, 또 이 세 사람이 문제가 아니라 역사적 흐름이 그렇게 가고 있었기 때문에, 그런 만남이 필연적으로 이루어질 수밖에 없었다고 말하는 분들도 계세요."

"그러니까 이 세 사람의 역사적 만남이 세 사람의 개인적 역량과 비전으로 이루어진 것이냐, 역사적 대세의 필연이 빚은 업이냐? 그러니까 기인其人이냐 사리史理냐, 하는 말씀이죠?"

"그렇습니다. 선생님께서는 관상도 잘 보시죠?"

"물론 잘 보죠."

"우선 『주역』의 대가시잖아요?"

"제 박사학위논문이 『주역』의 괘상을 어떻게 해석하느냐에 관한 것입니다. 그런 것 가지고 서양의 최고학부에서 박사학위를 받았다는 것이 참 오묘하죠?"

"얼핏 들으니 희랍철학하고도 관련 지어 분석하셨다고요?"

"우주론이나 세계관 같은 것은 어느 문명이나 다 통하게 되어있죠. 그러나 제가 점을 보는 것은 직관적인 영끼 같은 것이 있기 때문이죠."

"영끼를 어디서 받으셨어요?"

"나는 만신들하고 친했어요. 우리나라 최고 만신인 김금화 선생하고 교류가 깊었어요. 돌아가시기 얼마 전까지도 만년필 하나를 정성스럽게 사들고 오셔서, 만년필로 쓰는 내 원고지에 기를 넣어주고 싶으시다고 하셨어요. 내가 쓰는 글이 이 민족의 영감의 원천이라고 말씀하시면서 부디부디 건강하라고 당부하고 가셨는데, 한 두 달 후에 부고를 받았습니다."

"어떻게 기를 받으십니까?"

"무녀들끼리 심산에서 산기도를 하는데 그런 데 가면 정말 영험스러운 체험을 하지요. 외부인은 못 껴도 나는 자유롭게 참석할 수 있었습니다."

"또 재미있는 얘기가 쏟아질 판인데 안됐습니다. 세 수령님 관상부터 봐주시죠."

"지금 내가 이 세 분의 관상이나 사주를 보게 되면 만나는 사람마다 관상·사주팔자를 부탁할 테니까, 좀 제너럴한 학술적인 통찰부터 얘기해보죠."

"좋습니다."

이성의 간교

"헤겔Georg Wilhelm Friedrich Hegel, 1770~1831(독일관념론의 집대성자. 현대철학은 모두 헤겔철학에 대한 반동으로 이해된다) 철학에 '리스트 데어 훼어눈프트List der Vernunft'라는 개념이 있잖아요! '이성의 간교奸巧'라고 우리 철학개론 같은 데서 번역을 하는데, 저는 이 세 사람이 이 시점에서 우리역사의 장에서 만났다고 하는 이 세계사적 사건 그 자체가 헤겔철학이 주장하는 바 절대정신the Absolute *Geist*이 세계사적 조감 속에서 이 세 사람들을 끌어모았다고 생각이 되는 겁니다."

"여러분들! 선생님 말씀을 알아들으실 수 있으십니까? 이성의 간지奸智!(이성의 간교와 이성의 간지는 같은 말이다. 독일어 '리스트'의 번역으로서 두 개가 같이 철학사에 쓰이고 있다) 절대정신! 세계정신이라고도 하죠. 인간의 역사를 총체적으로 지배하는 정신이기 때문에 세계정신이라고도 부를 수 있겠죠. 이 세계정신은 역사와 따로 떨어져 있는 초월자가 아니라, 역사 속에 자기를 드러내는, 역사와 밀착되어 있는 정신입니다. 그런데 이 세계정신이 자기를 관철하는 과정에서 세계의 무대 위에 많은 배우들이 등장하죠.

이 배우들은 자기가 스스로 이 역사를 주동적으로 이끌어나가고 있다고 착각하죠. 그러나 사실은 절대정신이 자기를 구현하는 도구에 지나지 않죠. 이러한 개인의 창발성을 활용하여 자기의 플랜을 성취하는 절대정신의 교묘한 술책을 이성理性의 간지奸智라고 부르는 것이죠. 선생님! 맞습니까?"

"참으로 놀라운 순발력, 놀라운 이지력, 유 작가의 정신력이야말로 절대이성의 간지에 속하는 그런 수준의 실력 같네요. 요즈음 경제학이 너무 수량·통계적으로 흘러버렸고 모델중심의 연역적 유희에 빠져버렸지만, 사실 경제학이야말로 그 자체가 철학이죠. 그래서 유 작가 시대만 해도 경제학을 제대로 공부한 사람은 철학을 훤하게 꿰뚫고 있었어요."

"과찬이십니다."

"내가 청중 여러분들을 위하여

몇 마디만 보충설명하지요. 서구의 근대라는 것은 르세상스 시대 이후의 과학혁명과 더불어 시작한 것이죠. 이 '과학'이라는 놈이 너무도 신기하게 너무도 많은 것을 합리적으로 설명해내니깐, 그 과학을 하는 인간의 능력을 '이성Reason'이라고 불렀어요. 그러니까 갈릴레오나 아이작 뉴턴 같은 사람이 수학을 수단으로 하여 천체의 운행이나 만물의 운동법칙 같은 것을 알아내는 능력을 '이성'이라고 부른 거죠.

그러니까 쉽게 말하자면 수학적으로 계산하는 능력 같은 것을 말하는 것이죠("reason"의 라틴어 어원 "ratio"가 "계산한다"는 뜻이다). 처음에는 이것이 인간의 두뇌의 합리적 능력, 연역적 대전제에서 많은 사실을 유추해내는 능력 같은 것을 의미했는데, 나중에는 이 인간의 이성이 점점 형이상학적으로 발전하여 우주의 이성으로까지 확대되어 나간 것이죠. 아주 간단히 말하자면 데카르트René Descartes, 1596~1650(불란서의 수학자. 근세철학의 아버지. 합리론의 창시자)의 회의론적인 이성이 헤겔의 절대정신으로 확대되어간 역사가 서양철학의 거의 전부라 말할 수 있습니다. 우주 그 자체가 매우 수학적으로, 합리적으로 운행되고 있으니까 우주도 이성적이다, 우주에는 우주이성이 있다라고 생각하는 것은 너무도 당연한 말이겠죠. 헤겔의 말에 존재와 이성에 관해 언급한 유명한 말이 있지요. 기억나세요?"

"존재하는 모든 것은 이성적이고, 이성적인 모든 것은 존재하는 것이다."

"독일에 유학을 하셔서 그런지 헤겔철학을 정확히 꿰뚫고 계시네요. 즉 존재와 이성은 같다는 것이죠. 헤겔은 사고thought와 실재reality의 융합을 시도한 것이죠. 아주 쉽게 말하자면 우리가 바라보는 이 세계의 모습이 모두 합리적이라는 것이죠. 왜냐? 합리적인 절대이성의 지배하에 있게 마련이니까. 그런데 절대이성은 절대적인 초월의 존재가 아니라, 역사 속에 자기를 드러내는 생성의 과정적 존재입니다. 역사와 더불어 자기가 생각하는 방향으로 자기를 드러내면서 역사를 진화시킨다는 것이죠. 초월적인 하나님이 아니라 우리와 더불어 현상 속에서 일하는 하나님인 셈이죠. 그런데 이 절대정신이 자기를 드러내는 방식이 정·반·합이라는 것이죠. 어떤 테제These가 있으면 안티테제Antithese가 있게 마련이고 이 대립관계는 부정의 부정을 통해 신테제Synthese로 지양止揚된다는 것이죠."

"그러니깐 이성의 간지奸智라는 것은 바로 이러한 합리적 이성이 자기를 정·반·합적으로 드러내는 과정에서 쓰는 술수라는 것이겠죠."

"그렇죠. 역사라는 것은 항상 우리가 원하는 대로 합리적인 방식으로 일어나지 안잖아요? 전혀 불합리한 것도 있고, 전혀 엉뚱한 것도 나타나고, 우리의 삶을 괴롭히는 전쟁 같은 것도 일어나고…… 그러니까 이런 비이성적인 듯이 보이는 현상들을 설명하는 헤겔의 대안이 '이성의 간지'라는 것이 되겠죠."

"아~ 그러니까 문재인, 김정은, 트럼프 이런 사람들이 어떻게 엉뚱한 짓을 하는 듯이 보여도 결국은 절대이성의 어떤 합목적성을 구현하기 위한 수단에 불과하다, 이런 뜻이 되겠군요!"

"맞습니다! 일례를 들어보죠! 헤겔이 예나대학University of Jena(1558년에 창립된 유서깊은 대학, 노벨상 수상자만 6명이 배출됨. 독일관념론과

낭만주의의 본산)에서 프리바트도첸트Privatdozent(봉급이 없는 강사) 생활을 하고 있을 때였죠. 1805년에 헤겔은 생활이 궁하다 못해 당시 문화부장관이었던, 그 유명한 『파우스트』의 저자 볼프강 괴테(헤겔보다 31살 위)에게 탄원하는 편지를 씁니다. 월급을 지급하는 정식교수로 승급시켜 달라구요. 그런데 결국 거절당해요. 그래서 그 유명한 대작 『정신현상학』을 집필합니다. 예나의 골목 다락방에서! 『정신현상학』을 거의 탈고할 즈음이었어요. 마지막 손질을 하고 있을 때였죠. 1806년 10월 14일, 나폴레옹이 예나전투the Battle of Jena에서 강력한 프로이센(당대 가장 강력했던 독일 국가)의 군대를 무찌릅니다.

예나에서 헤겔이 『정신현상학』 마지막 페이지를 쓰고 있을 때 나폴레옹 보나파르트가 예나의 시내로 말을 타고 들어옵니다. 나폴레옹은 헤겔보다 1살 위였어요. 사실 헤겔의 입장에서 본다면 자기나라를 무찌른 정복자 나폴레옹을 민족주의적인 소견에서 보면 증오해야겠지요. 그런데 그 장면을 목도하면서 이렇게 썼어요.

'보라! 저기 말 탄 세계정신die Weltseele zu Pferde을 보라! 말 위의 저 한 점에 세계영혼이 집약된 모습을 쳐다보는 이 황홀한 감격을 무어라 표현하리! 저 한 점에서 세계로 뻗어나가고, 세계를 지배하고 있다!'

철학자들의 통찰력이라는 것은 참 대단하죠. 나폴레옹의 세계사적 의미를 총체적으로 파악하고 있었던 것이죠. 나폴레옹은 그 전 해에 황제로 등극했고 민주공화정을 무너뜨린 사람처럼 보이지만 실제로 그의 프랑스 제1제국은 근대적 가치를 유럽 전역에 퍼뜨렸습니다. 나폴레옹 법전은 근대적 민법의 기초가 되었으며, 법치주의, 능력주의, 시민평등

사상을 온 유럽에 전파했으며 근대사회형성에 결정적인 역할을 했습니다. 그러니까 나폴레옹은 자기가 주체적으로 말 타고 다니면서 세계를 정복한 것처럼 보이지만, 『정신현상학』을 탈고하고 있었던 헤겔의 입장에서 보면 절대정신의 간지에 의하여 근대정신을 퍼뜨리는 도구로서의 역할을 충실히 이행하고 있었다는 얘기죠. 1814년 나폴레옹이 연합군에게 패하고 제위를 포기하자, 헤겔은 그것을 좋아한 것이 아니라, 엄청난 천재의 스펙타클이 범용에 의하여 파괴되는 아주 비극적인 사건이라고 평했습니다. 나폴레옹이 엘바섬으로 귀양 가자, 유럽의 여러 나라들이 다시 왕정으로 복귀하려 했습니다. 헤겔의 통찰이 정확했던 것이죠.

우리도 김정은 국무위원장과 문재인 대통령이 판문점의 분계선을 줄넘기하듯이 왔다갔다 할 때, 보라! 저기 판문점을 두 다리 사이로 걸치고 있는 세계영혼이 있다! 그렇게 외쳤어야 했죠. 무엇인가 역사적 사태를 개별적 해프닝으로서 바라보는 것이 아니라 총체적인 의미 속에서 조감해야 한다는 것입니다."

"선생님께서 헤겔철학을 운운하시면서 '역사의 의미'를 말씀하셨는데, 정말 역사라는 게 '의미'가 있는 것입니까? 멕베쓰(셰익스피어 작품 중의 한 주인공)가 외치는 것처럼, '그것은 바보가 지껄이는 이야기, 시끄러운 소리와 광포로 가득하지만 아무것도 의미하지 않는 이야기(A tale told by an idiot, full of sound and fury, signifying nothing)'가 아닐까요?"

"헤겔이 『역사철학』에서 말하는 역사는 물론 인간세의 역사이며 국가라는 개념과도 깊은 관계를 맺고 있습니다. 역사는 헤겔의 철학체계 내에서는 무의미할 수가 없습니다. 그것은 정·반·합이라고 하는 합리적 법칙에 의하여 지배되고 있으며 절대정신 그 자체를 구현해나가는 과정이기 때문에 임의적일 수가 없습니다. 멕베쓰의 이야기는 아주 작은 삶의 시간단위에서 임의적으로 일어나는 사건의 연속을 놓고 하는 얘기일 것입니다. 역사는 이성적일 수밖에 없으며, 보편적 가치를 구현하는 합리적 발전단계이기 때문에 합목적적일 수밖에 없습니다. 합목적적이라 할 때, 그 합목적의 '목적'은 무엇일까요?

자유의식의 진보

헤겔은 『역사철학』 서론에서 아주 명료하게 말하고 있습니다. 모든 인간세의 역사의 방향과 목적에 관해서 말이죠. '세계의 역사는 자유의 의식의 진보, 그 이상의 아무것도 아니다.' 그리고 또 이런 말도 하죠. '세계정신의 본질은 자유다.The essence of Spirit is Freedom.' 이게 뭔 소리냐? 인간세의 역사는 더 많은 사람들이 자유를 향유하는 방향으로 꾸준히 진행되어왔다는 것이죠. 왕정과 민주가 어떻게 다르죠? 왕정Monarchy에서는 왕 한 사람만 자유롭고 다중은 자유롭지 못해요. 민주Democracy제도에서는 왕이 제거되고 다중이 자유를 누리지요. 최순실이 지배할 때는 최순실 혼자 자유로웠죠. 정말 신나게 자유로웠을 거에요. 온 세계가 자기 말 한마디면 그대로 돌아가니깐요. 개성공단도 박근혜의 판단이 아니라 최순실의 말 한마디로 불현듯 폐쇄되었다고 들었는데 맞습니까? 그것을 다시 복구시키기가 얼마나 힘듭니까?

그러니까 왕정에서 민주로 오는 다양한 단계들이 있겠죠. 그러나 인간의 역사는 어김없이 자유의 확대를 위해서 느리게, 때로는 빠르게 행진하여 온 것입니다. 20세기 미국의 흑인의 역사를 생각하든, 여성 참정권의 역사를 생각하든, 어린이나 노약자, 그리고 장애인들의 역사를 생각해보면 헤겔의 논리는 어김없이 들어맞습니다. 현금 우리사회에서 일어나고 있는 검찰의 권력에 관한 문제도 헤겔의 논리에 의하여 반추되어야 하지 않을까요? 소수가 너무도 막강한 권력을 장악하고, 무소불위의 권력을 휘두른다면 과연 그러한 독점태가 유지될 수 있을까요? 절대정신이 지배하는 변증법적 발전양식에 따라 자유의 확대라는 정칙에 그 독점태를 양보하지 않을 수 없겠지요."

"자유라는 게 과연 무엇일까요?"

"자유에 관한 논의는 우선 개인으로부터 출발할 수 없습니다. 개인의 욕망의 무제약적인 충족을 자유라고 부를 수 없습니다. 개인의 욕망으로부터 출발한 행위는 우리가 선택한 행위가 아니므로, 우리에게 자유를 선사하지는 않습니다. 욕망으로부터 행동할 때 우리는 자유로울 수 없습니다. 자유에 관한 모든 논의는 바로 내가 속한 공동체의 바탕에서 건립될 수밖에 없습니다. 신자유주의적 경제이론이 말하는 자유도 자유일 수가 없습니다. 결국 자유라는 것은 우리가 아주 넓은 의미에서 공동체 성원의 의무라고 부를 수 있는 가치를 실현하는 과정 속에서 획득되는 것이죠. 나는 자유는 맹자가 말하는 인仁·의義·예禮·지智의 실천이라는 양심의 발현과 불가분의 관계를 맺고 있다고 생각합니다."

"자아~ 철학적인 얘기는 그만하죠. 우리의 논의를 위한 거시적 바탕은 충분히 마련된 것 같습니다. 사실 저는 선생님의 철학책을 깊게 읽지를 못했습니다. 그 대신 선생님의 영화대본을 아주 정교한 서문을 몇개 달아 책으로 펴내신 『시나리오 장군의 아들』이라든가, 태권도의 실제 역사를 다룬, 무술사의 기념비적인 작품, 『태권도철학의 구성원리』,

이런 책들을 매우 재미있게 탐독했습니다. 그렇게 복잡한 고전철학을 하시는 분이 어떻게 이런 비근한 주제를 자유롭게 다루고 있는가, 선생님의 이런 파격적 행보가 훨씬 더 본질적으로 저의 상상력을 자극했고, 저의 생각의 범주도 넓혀주었습니다."

"참 감사한 일이네요. 저는 인간의 냄새가 나는 것은 모두 철학이다, 이렇게 생각했으니까요."

트럼프의 관상: 트루먼 독트린

"이제 트럼프의 관상부터 시작해볼까요?"

"우리가 미국을 생각할 때 아직도 어떤 틀과 위압에 눌려 자유롭게 생각을 하지 못하는데, 그것은 트루먼 독트린 이후로 우리나라에 정착되기 시작한 냉전질서, 그리고 반공이라는 끔찍한 이데올로기 때문일 거에요. 이성의 간교도 너무 잘 설명해주셨는데, 트루먼 독트린에 대해 좀 설명해주시죠."

"갑자기 질문을 받으니깐 어떻게 설명을 해야할지 머리에 떠오르질 않네요."

"제가 간단히 설명해보죠. 2차대전 때 소련은 미국의 우방이었죠. 추축국Axis에 대항하는 연합군Allies에 속했죠. 그러니까 일본의 식민지였던 조선을 분할통치할 때에도 소련과 미국은 그다지 대적적이지 않았어요. 그래서 미소공동위원회도 열면서 어떻게 하면 조선이 독립국가로서 자주적인 정체를 만들 수 있을까 하는데 의견을 모으고 있었어요. 그러니까 신탁통치Trusteeship라는 것도 나쁜 뜻이 아니었고, 당분간 미·소의 후견Guardianship 아래 독립국이 될 수 있는 합리적 시간을 벌게 해주자는 뜻이었죠. 미국은 애초에 주요관심이 유럽에 있었지, 극동Far East인 조선에 있질 않았어요.

하여튼 인기가 높았던 루즈벨트 대통령이 이례적으로 4선까지 당선되었으나 뇌일혈로 마지막 임기를 못 채우고 죽자(1945. 4. 12.), 부통령이었던 트루먼Harry S. Truman, 1884~1972이 대통령직을 승계하지요. 해리 S. 트루먼은 일왕 히로히토에게 항복을 받고 한국전쟁을 치른 미국대통령이죠. 그런데 이 트루먼이 전후세계를 냉전구도로 파워 블럭화하는 독트린을 발표하는 것이죠. 2차세계대전이 끝나고 어정쩡하게 2·3년 보내고 보니, 특히 유럽에서 소련의 입김에 눌려서는 안되겠다고 생각한 것이죠. 그래서 소련에 적대하는 국가들은 무조건 미국이 경제적 지원을 하겠다고 선언하는 것이죠. 1947년 3월 29일 미의회에서 연설한 내용이 이러합니다:

'이제 미합중국의 정책은 무장한 소수나 외부로부터의 압력에 의한 예속에 저항하는 자유국가의 인민들을 지원하는 것이다.' 이 연설이 세계냉전질서의 출발이라고 하고, 미국의 외무정책의 기저가 되었으며, 또 나토NATO 결성의 직접적 도화선이 된 것이죠.

그런데 이 트루먼 독트린의 발표는 한국역사에 매우 비극적인 결과를 가져옵니다. 일제의 압제에서 풀려난 조선의 민중들은 미군정의 몰지각한 통치(한국을 잘 몰랐기 때문에 착오적인 정책이 많아 한국민을 괴롭혔다)에 저항하였고, 때마침 전국적으로 조직된 인민위원회는 미군정의 통치방식에 반기를 들었습니다. 그 중 가장 강력하게 저항한 사례가 제주도의 인민위원회였는데 1947년 3월 1일, 3·1절기념대회를 3만 명이 운집한 가운데 열었습니다.

그런데 경찰이 발포하여 6명이 죽습니다. 이것이 소위 제주4·3사건의 도화선이 된 것입니다. 이러한 사태에 대하여 사과를 하고 민심을 달래고 인민위원회의 기능을 잘 살려주었더라면 모종의 타협이 이루어졌을 것입니다. 그리고 처음에는 그렇게 수습할 생각이 없었던 것도 아니었습니다. 지역의 인사들이 지역의 뜻있는 경찰들과 상담을 하고 있었습니다. 그런데 바로 그때, 3월 29일 트루먼 독트린이 발표되면서 무조건 강경진압으로 모든 정책이 선회합니다. 트루먼 독트린의 실제적 내용은 전 세계를 통하여 아무리 자국민에게 비민주적인 압제를 가한다 해도 확고한 반공정권anticommunist regime의 위상을 과시하기만 하면, 미국의 우방으로서 대접을 받고, 경제적 원조를 받을 수 있다는 것이었죠. 이승만은 이러한 분위기를 너무도 정확히 파악하는 사람이었습니다. 그 뒤로 제주도에서는 7년 7개월에 걸쳐 제주도민의 10분의 1이나 되는 3만 명이 학살됩니다.

그리고 제주도민을 학살하기 위하여 제주 9연대 군인들로는 역부족이었기 때문에, 가깝게 있던 신월리 여수항 14연대의 군인들에게 제주토벌명령을 내리죠. 이 군인들은 동족학살의 비극을 너무도 잘 알았기 때문에 항명을 하기로 결정하고 '제주토벌출동거부병사위원회'를 결성합니다: **'우리는 제주도 애국인민을 무차별 학살하기 위하여 우리들을 출동시키려는 작전에 조선사람의 아들로서 조선동포를 학살하는 것을 거부하고 조선인민의 복지를 위하여 총궐기하였다.'**

얼마나 의젓하고 정의로운 군인의 자세입니까? 그런데 이들의 항명은 '여순반란'으로 규정되었고, 1955년 4월 1일 지리산입산이 허용될 때까지 여순 지역과 지리산 일대의 지역주민 2만 명이 학살되는 비극이 자행되었습니다. 이 과정에서 전라도사람들은 '빨갱이'로 인식되었고 강력한 반공국가의 모든 구실이 이를 기화로 만들어집니다. 예비검속, 연좌제, 보도연맹의 참상, 숙군사업의 완성, 학도호국단 창설, 국가보안법 등 우리의 삶을 옥죄는 모든 공권력의 횡포가 정당화되었죠. 이 지구상에서 가장 극악한 형태 중의 하나로 간주될 수 있는 반공국가체제가 남한에 뿌리를 내리는 것이죠.

대한민국의 사람들은 유대인학살이나 아우슈비츠와 같은 유대인수용소에서 일어나는 잔인한 사건들을 다룬 영화를 보면, 마치 나와 관계없는 남의 나라 남의 민족 이야기로만 여겨요. 그러나 실제로 독일 나치는 자기 동포에게 그러한 짓을 하지는 않았어요. 그런데 실상 우리나라에서 이승만정권하에서 상부의 권력집단이 자국민에게 자행한 일들은 아우슈비츠의 학살보다도 더 끔찍한 사례들이 너무도 많습니다. 그런데 우리민중은 그 사실들이 나의 삶의 주변에 있었던 일들이었음에도 불구하고, 그것이 나의 실존의 핏줄 속에 면면히 흐르는 비극임에도 불구하고, 그것을 기억하거나 항의하거나 바로잡을 생각을 하지 않아요. 왜 그럴까요?

그런 것에 반항하면 결국 다치는 것은 자기뿐이라는 생각이 깊게깊게 박혀있는 것이죠. 정의로운 판단을 자체검열해버리죠. 그리고 심지어 자기존재를 억압한 그 권력의 편에 서서 자기의 아픔을 환치시켜 버려요. 그만큼 공권력에 대한 공포감이 강한 것이죠. 그 공포감은 인간 본성에 대한 근원적 불신감까지 조장하지요. 아무도 안 믿는 것이죠. 그래서 우리사회에는 좌가 극우로 전향하는 사례가 많은 것이죠.

냉전질서의 붕괴

이러한 이승만의 반공체제를 박정희가 이어받았습니다. 박정희는 젊어서부터 사회주의적 이상을 신봉했던 사람이었지만, 권력을 잡고보니 사회주의적 통치방법은 자신이 걸어서는 아니 될 것이라는 것을 깨닫고 반공·친미·친일 일변도의 길을 걷습니다. 그가 추구하려고 했던 것은 절대권력이었기 때문에 그 독재적 권력의 장악을 위해서는 반공·친미·경제발전이라는 3두마차를 타지 않을 수 없었죠. 박정희라는 인간의 비극은 끊임없이 자신의 신념을 배반했다는 데 있습니다. 그는 결코 생각이 얕은 사람이 아니었습니다. 오늘날 우리가 생각하는 우익꼴통과는 질이 다른 사람이었죠.

미국의 냉전질서에 대한 믿음이 붕괴되는 최초의 사건은 엉뚱한 곳에서

2006년 4월 8일, 광주MBC에서 〈한대수&도올 락콘서트〉

일어났습니다. 깡마르고 비리비리한 듯이 보이는 사람들이 사는 저 아시아대륙의 남쪽 길게 뻗쳐 있는 조그만 나라가 미국이라는 세계최강의 군사대국을 여지없이 패퇴시키리라는 것은 아무도 상상치 못한 일이었습니다. 아마도 이 지구상에서 일어난 일 중에 다시 반복되기 어려운 최고의 역설로 기록될 것입니다. 내 친구 한대수의 노래 가삿말에 이런 구절이 있어요: '**미국이 등장하는데, 이젠 그 부패된 고딘디엠 정부를 지원하면서, 공산주의자라는 이유로 아주 지속된 전쟁의 끝없는 폭격, 약 3200일의 끝없는 폭격을 밤낮으로 당하면서 미국의 강력한 군사력을 이겨낸 유일한 사람입니다, 아~ 그래요, 호치민 호치민 호치민.**'

미국이 월남에 퍼부은 폭탄이 2차대전 전체에 퍼부은 양보다도 더 많다고 하는데 하여튼 왜 미국이 졌겠습니까? 그것은 미국의 동아시아에 대한 무지와, 무도덕성 때문이죠. 아무런 명분 없는 전쟁을 그냥 불란

서정부로부터 떠맡고 '도미노이론'을 내세우면서 미국의 젊은이들을 파멸의 구덩이로 처박았습니다. 그러나 베트남사람들이 감내한 월남전은 힘에 대하여 도덕의 우월성을 보여준 위대한 인민의 투쟁이었습니다. 미국사회는 회복하기 어려울 정도로 도덕적 정합성moral coherence이 근원적으로 파괴되었고 인류사에서 모범적 덕성을 과시해왔던 면모들이 다 퇴색되었습니다. 월남전을 거친 미국은 이미 미국이 아닙니다. 도덕성을 상실하면 패권밖에 남는 것이 없지요(이러한 주제는 내가 2006년 광주MBC 공개홀에서 행한 '동아시아 30년전쟁'이라는 제목의 강의를 참고할 것. 이미 천만 명 가까운 사람들이 이 강의를 보았다).

하여튼 미국은 이 수렁에서 헤어나오는 방법으로 도미노의 근원이라고 생각한 중국과의 데탕트를 택하게 됩니다. 닉슨의 핑퐁외교라는 것이 그것이죠. 그리고 마오毛澤東의 죽음(1976. 9. 9.) 이후 중국은 개혁개방으로 치달았습니다. 이것은 절대정신의 관점에서 보면 냉전의 블럭의 댐이 파괴되는 최초의 계기였죠. 그리고 중국의 개혁개방은 결국 미하일 고르바초프의 페레스트로이카*perestroika*(재구성restructuring의 의미)로 진전되었고, 그것은 결국 소비에트연방의 해체, 사회주의경제체제의 붕괴, 동구권의 몰락을 가져옵니다. 페레스트로이카의 취지는 좋았지만 그동안 누적된 공산주의의 내재적 모순이 그 취지가 지향하는 목표와는 반대방향으로 진행된 것이죠. 결국 1989년 11월 9일, 베를린장벽이 무너지면서 45년 만에 동·서로 분단되었던 독일이 통일됩니다. 그리고 트루먼 독트린으로 시작된 냉전체제는 일단 막을 내리게 됩니다."

"자아~ 그렇다면 왜 트럼프가 미국의 대통령으로서 굳이 한국문제를 자기 치세의 주요 이슈로 들고 나왔을까요?"

노태우의 북방정책

"이 거대한 격동의 세계사의 대세를 조감하고 있는 절대정신의 입장에서는 한국의 꼬락서니가 어떻게 보였을까요? 그래도 재미있는 사실은 베를린장벽이 무너지는 전후로 우리나라 정치를 관장하고 있었던 노태우 대통령은, 여러분들이 군출신이라고 도매금으로 평가하는 것과는 사뭇 다른 훌륭한 비젼이 있었습니다. 그것이 소위 '북방정책'이라는 것인데, 이러한 정책에 따라 소련과 국교를 맺었고, 중화인민공화국과도 국교를 수립했습니다. 그리고 이 시기에 독립운동사라든가 공산권의 현대사자료가 많이 연구되어 잃어버린 역사의 복원이 이루어졌습니다. 그러나 노태우정권을 계승한 김영삼 정권은 근본적으로 북방정책에 소극적이었을 뿐 아니라, 김영삼 대통령 본인은 '북한사람들은 거칠게 다룰수록 좋데이~' 하는 사고를 가진 사람이었죠. 그 뒤로 북한에 대하여 체계적인 지식과 방법론을 구비한 김대중 대통령이 들어서면서 '햇볕정책'이라는 구호 하에 남북간에 많은 새로운 긍정적 국면이 창출되었고 또 노무현정부의 10·4선언까지 나왔지만, 그 이후의 모든 전개과정은 또다시 남북간의 철저한 두절과 단절과 대결로 치닫게 됩니다.

나는 이렇게 생각합니다. 김영삼정부가 보다 적극적으로 북한문제를 풀어나갔더라면, 당시 북한은 가장 어려운 고난의 행군을 할 시기였으므로 그 효과는 엄청났을 것입니다. 김영삼은 정상회담을 하기로 했던 김일성이 회담을 바로 앞두고 서거했을 때도 조문도 하지 않았습니다. 김영삼 대통령은 국제문제에 관한 통합적 비젼이 없었습니다. 만약 김영삼 대통령이 현금의 문재인 대통령과 같은 흉금으로 북한을 대하고 새로운 우호관계를 수립하여 김대중 대통령에게 그 성과를 물려주었고, 김대중 대통령에게서 개화된 유산이 노무현치세에 연속적으로 꽃을

피웠더라면 이미 노무현시대에 소위 느슨한 연방제나 연합제가 성취되었을 것입니다.

내가 지금 이런 말을 하는 것은, 베를린장벽이 무너진 이후에, 소련이나 중국이나 미국이나 모두 패권주의의 확고한 포지션을 잡고있지 않았을 때, 또한 냉전의 종언이라는 세계사적 기류가 아주 낙관적으로 흐르고 있을 그 절호의 시기에 우리가 정신을 차려 절대정신의 변증법적 전진의 선두를 달려갔더라면, 통일이 아주 쉽게 다가왔을 뿐 아니라, 우리는 경제대국으로서 이미 선진국반열의 최선두를 달리면서 국제사회에서 막강한 발언권을 행사하고 있을 것입니다."

역주행

"그러니까 절대정신의 입장에서 보자면 세계사의 기류가 냉전의 종언, 동서교류와 융합의 무드, 공산주의계획경제와 자본주의시장경제의 해빙 등, 전반적인 화해무드로 갈 때에 오직 남·북한만이 냉전의 싸늘함을 고수하는 역주행의 우매함을 과시하고 있다는 말씀이시군요."

"그렇습니다! 바로 그겁니다. 그러니까 20세기 후반의 냉전체제가 21세기로 들어서면서 다 녹아버렸을 때 유독 대세에 역주행하고 있는 냉전의 마지막 고리를 잡아 쥐어틀면 세계사의 획기적인 새 국면이 창출될 수 있겠다는 계산을 한 것이죠. 트럼프는 그 절묘한 타이밍을 인식한 것이죠. 그의 전임자인 오바마 대통령은 근원적으로 동아시아역사에 대해 관심이 적었고, 무지했고, 손을 대기에는 너무도 복잡하다고 생각하여 전략적 인내strategic patience라는 애매한 자세로 묵살해버렸습니다. 트럼프는 미국대통령이 되자마자 오바마의 여타 화해정책을 무너뜨리는 대신 한국의 화해를 새로운 카드로 내건 것이죠."

"미국서 살아보셨으니깐 잘 아시겠지만 미국인들의 트럼프에 대한 평가는 어떻습니까?"

"내가 살았던 뉴잉글랜드 지역의 이스태블리쉬먼트, 그러니까 민주당의 텃밭이기도 하지만, 미국의 상류사회의 사람들은 아주 뼛속 깊이 트럼프와 같은 유형의 인간이 미국의 대통령이 되었다는 사실을 수치스럽게 생각하고, 치를 떨어요. 아주 경멸의 눈초리로 쳐다보죠."

"트럼프를 경멸할 만큼 그들은 위대한가요?"

"매우 적확한 질문을 해주셨습니다. 저는 여러 의미에서 미국의 최상층을 점유하는 인간들을 배출하는 하바드대학이라는 곳에서 공부하면서 많은 것을 느껴본 사람입니다. 저는 동방고전에 대한 소양이 있었기 때문에 그곳 부자들과도 교제가 넓었습니다. 골동품 같은 것 감정도 해주고. 그러나 어느 사회나 마찬가지이지만 하바드 주변을 맴도는 사람들의 지성과 감성의 구조는 참으로 배울 것이 많고 경탄스럽기도 하지만, 근원적으로 자기들의 좁은 세계관 밖으로 한 발자국도 나가지 못하죠. 자기들이 완벽하다고 생각하니깐 타인을 배울 수가 없어요. 그들이야말로 동방문명을 흠상할 수 있는 소양을 지니고 있는 사람들임에도 불구하고 세계문명이 어느 방향으로 진행되어야 인류에게 보편적 선善을 제공하리라는 비젼이 오히려 박약하다고 말할 수 있어요. 미국말로 그들의 고결함은 기본적으로 스노비쉬snobbish(거드럭거리는, 속물근성의)한 것이죠. 미국의 상층부 사람들에게 한국문제에 관한 근원적인 관심을 기대한다는 것은 참으로 어려운 일이죠. 지적으로 세련되어 있기 때문에 오히려 아무 일도 하지 않는 것이죠. 전략적 인내라는 말처럼."

"힐러리 클린턴이 대통령이 되었다 한들 전략적 인내가 계속되었을 것이다 하는 그런 말씀이네요."

"그렇죠. 전략적 인내라는 말은 '개무시' 해버린다는 뜻이니깐요. 하여튼 그런 의미에서는 우리나라 정치사에서 노무현 대통령 같은 분들이 차지하는 위상은 참으로 고귀한 것이죠. 노무현 대통령은 나 같은 스타일로 공부를 많이 하신 분은 아니기 때문에, 오히려 우리 역사에 새로운 기운을 불어넣은 분이지요. 정교한 이론보다 정의로운 행동이 앞서는 분이죠. 그러나 그를 지지한 사람들은 미국에서 트럼프를 지지한 사람들과는 성격이 달라요. 이것이 바로 우리 역사의 역동성이죠. 민중의 정치의식이 높을 뿐 아니라, 고급 지성인들도 새로운 가치를 수용할 수 있는 여유와 역량이 있다는 뜻이죠."

"트럼프를 지지한 사람들은 어떤 사람들이었나요?"

"동부 이스태블리쉬먼트의 사람들에게는 참으로 이변이었죠. 미국정치에 별로 보이스를 낸 적이 없는 의외의 계층이었죠. 그러니까 사일런트 머죠리티silent majority(침묵하는 대중) 중에서도 중하 백인층이죠. 영어로 '레드넥redneck'이라는 말이 있는데 목에 붉은 힘줄이 솟는다는 뜻이겠죠. 미국 남부의 무식한 백인 농장노동자, 보수적이고 완고한 시골사람들을 가리키는 말인데 부정적인 의미가 담긴 말이죠. 걸핏하면 목에 핏줄을 세우고, 우직하고, 무식하고, KKK의 후손들, 이들은 지금

흑인한테도 깨지고, 멕시칸, 아시안에게도 깨지고, 왜 우리가 이렇게 소외된 삶을 사는가? 이런 정감에 빠져있는 많은 사람들에게 어필이 되는 말을 골라서 한 사람이 바로 트럼프였죠. 그들이 우직한 것처럼 우직하게, 그냥 앞뒤 맥락 안 재고 스트레이트로 날려버리는 트럼프가 폭발적인 인기를 얻은 것이죠. 이것은 과연 뭘 뜻하는가? 미국이 더이상, 고상하게 흘러가봤자 별 볼일 없다는 얘기죠. 미국사회를 지배하는 가치관에 근원적인 개혁이 필요하다는 얘기겠지요.

얼마 전에 브로드웨이 쇼 대작인 『라이언 킹*Lion King*』을 연출한 탁월한 연출가이며 영화감독인 쥴리 테이머Julie Taymor, 1952~ 를 만났는데(내가 좋아하는 영화, 멕시코의 화가 프리다 칼로Frida Kahlo의 생애를 다룬 영화 『프리다』도 그녀가 감독한 것이다), 나는 트럼프의 미국정치사적 의의를 인정하며, 그가 등장하게 된 미국사회의 문제점을 당신 같은 사람이 깊게 반성해야 할 것이라고 말하니까 나에게 불쾌감을 표출하더군요. 미국의

오늘의 미국을 이끌어가고 있는 영향력이 큰 지성인 중의 한사람, 쥴리 테이머

건강한 미래를 위해서 트럼프와 같은 사람은 용인되기 힘들다는 입장이었어요."

"쥴리 테이머는 미국인의 입장에서 얘기한 것이고, 선생님께서는 한국인의 입장에서 트럼프 대통령의 세계사적 개인World-historical Individual의 역할을 시인한 것이겠죠."

"그렇습니다. 세계를 지배하고 있는 미국역사에 뭔가 새로운 요소가 도입되어야 한다는 이성의 간교가 작동하고 있는 것이죠. 트럼프가 정말 형편없는 사람이라고 말한다면 바로 그 수준이 정직한 미국의 수준이지요. 그 수준을 까놓고 다시 세계질서를 생각해야 한다는 것이지요. 미국인들이 가장 바람직하지 못하다고 생각하는 인물을 미국역사가 필요로 한 것이죠."

"트럼프는 특이한 이단아군요!"

"그렇습니다. 트럼프는 이단입니다. 그러나 그 이단은 미국역사에서 새로운 요소가 도입되었다는 것을 의미하죠. 트럼프는 순수한 장사꾼이죠. 장사꾼의 특징은 손해볼 짓 안해요. 어수룩하게 보여도 계산이 빠르죠. 알 것은 다 알아요. 장사꾼은 이익을 챙기는 것을 최우선으로 알고 행동하죠. 그 대신 도덕적 허세는 없어요. 이것은 뭔 소리냐? 민족주의적 고립주의는 있어도 제국주의자는 아니라는 뜻이죠. 그것을 알고 우리가 행동해야지요(나는 2019년 10월 2일, 미국의 클레어몬트 신학대학의 명예교수이며, 과정신학의 창시자인 존 캅John Boswell Cobb Jr. 1925~ 교수와 깊은 사상적 대화를 나누었다. 캅 교수와의 대화는 2019년 10월 8일자 경향신문에 전면

죤 보스웰 캅. 과정신학의 창시자. 권위 있는 미국학술원 회원. 과정신학은 하나님을 역사와 더불어 성장하면서 역사에 이상적 가치를 제공하는 현실적 존재actual entity로 본다. 캅은 현재 95세인데 정정하다. 생태문명론자로서 중국에 매우 좋은 영향을 끼치고 있다.

으로 소개되었다. 이 대화는 매우 중요한데, 존 캅 교수도 트럼프의 정치형태를 민족주의로 규정했다. 트럼프는 제국주의자는 아니며 그의 본능은 고립주의에 있다고 말했다. 그리고 트럼프는 미국의 제국주의적 힘을 약화시켰으며 그것은 세계에 좋은 일이라고 말했다)."

"한마디로 세계냉전질서의 최종적 마무리단계에서 한국역사의 주요 함수로 등장시킨 이단아! 그것이 이성의 간교다! 이런 말씀이군요. 자아~ 그럼 문재인 대통령 관상도 보셔야죠."

문재인의 관상

"문재인 대통령이야말로 묘한 캐릭터이죠. 우선 문재인은 대통령이 되는 것을 목표로 해서 산 사람이 아니라는 것이 그 인간을 규정하는 제1특질이 되겠지요. 정치계에 들어온 모든 사람들이 삶의 목표로 삼는 것은 기왕이면 최고의 권좌인 대통령직을 노리게 되지요. 그래야 대한민국 정치사에 뚜렷한 업적을 남길 수 있다고 생각하죠. 한 인간의 정치적 행위가 최대의 영향력을 남길 수 있는 효율 높은 자리가 대통령이라는 포지션인 것임에는 틀림이 없어요. 그러나 인간 문재인은 자신이 대통령이 되겠다고 노력하질 않았어요. 주변 사람들의 권유에 의하여, 또 그를 불러낸 역사적 상황이 그에게 모종의 사명감을 떠안겨 주었습니다.

나는 문재인이 쓴 『문재인의 운명』이라는 책을 한 줄도 빼놓지 않고 다 줄쳐 가면서 읽었습니다. 어찌 보면 그의 모든 삶의 행보가, 학생운동을 하고, 고시에 합격하고, 노무현을 만나고, 인권변호사가 되고, 청와대비서실장이 되고, 노무현을 떠나보내고…… 그 모든 것이 어쩔 수 없는 운명처럼 따라야만 했던 것이죠. 노무현은 유서 속에서 '운명이

다'라고 했는데 문재인은 자신의 삶이야말로 '운명이다'라고 썼습니다. 내가 지금 문재인에 관하여 뭐라 말할 건덕지는 없습니다. 그러나 그만큼 문재인은 우리나라 정치계에서는 보기 힘들게 순수하고 순결한 인간입니다. 누구든지 그 얼굴을 봐도 알겠지만 맑은 청기淸氣가 도는 사람이죠. 그에게는 타인에게서 보여지는, 집권에 대한 욕망으로 생기는 탁기濁氣가 없어요. 사회적 정의감에 헌신하는 인간이지요. 물론 그가 훌륭한 정치가냐 아니냐, 그가 정치적 능력이 있느냐 없느냐에 관해서는 갑론을박이 있을 수도 있겠지만, 그 인간의 때묻지 않은 순결성에 관해서 토를 달 사람은 없습니다.

다시 말해서 문재인이야말로 운명 같은 절대정신이 불러낸 인물입니다. 그런데 그를 대통령으로 만든 역사의 동력은 무엇입니까?"

"두말할 나위 없이 촛불혁명이지요."

촛불혁명

"그렇습니다. 그는 대한민국 민중의 촛불혁명에 의하여 만들어진 대통령입니다. 이것은 무엇을 의미할까요? 너나 할 것 없이 촛불을 들고 거리로 쏟아져나왔던 시민들의 바램, 그 촛불의 소망을 구현하지 않으면 아니 되는 운명을 지닌 존재라는 뜻이지요. 그것을 구현하지 않으면 그의 존재는 존재이유를 상실합니다. 자아! 촛불혁명이란 무엇일까요?"

"국민대다수가 직접·간접으로 촛불혁명에 참여했으면서도 과연 자기들이 한 일이 무엇인지, 과연 촛불혁명이라는 게 무엇인지, 그걸 모르고 있어요. 그러한 것이 명료하게 인식되지 못한 데서 오늘날 서초동 촛불집회에 이르는 제현상이 일어나고 있는 것 같아요. 사실 '촛불혁명'이라는 말은 선생님께서 강하게 규정적으로 쓰심으로써 보편적 의미를 갖게 된 용어라고 말할 수 있겠는데요, 그 의의를 좀 명료하게 설명해주시죠."

"촛불혁명과 촛불집회는 명확히 구분되어야 하는 개념입니다. 촛불혁명의 '혁명革命'은 갈 혁革 자와 천명의 명命 자가 합해진 말입니다. 그것은 천명을 혁한다, 아주 쉽게 말하면 천명의 상징인 왕王을 갈아버린다, 그것도 민중의 힘에 의하여, 더 쉽게 말하면 절대권력자인 왕을 죽여버린다는 뜻이죠. 왕을 죽이지 않으면 혁명이 되질 않아요. 그러니까 왕의 편에 서있는 사람들이 얼마나 혁명을 두려워하겠습니까? 왕의 편에 서있는 사람들은 모두 기득권의 부귀·권세의 소유자들인데 그들이 얼마나 결사적으로 혁명을 좌절시키기 위한 노력을 하겠습니까? 오늘의 '태극기부대'현상도 너무너무 쉽게 이해가 되는 사태이지요.

자아~ 생각해보세요. 우리가 인류보편사의 근대성Modernity의 정치사적 기점으로 삼는 것이 바로 프랑스혁명Révolution française이라는데 아무도 토를 달지 않아요. 혁명이랄 것도 많은데, 왜 하필 프랑스혁명을 근대의 기점으로 삼나요? 아주 간단한 것이죠. 불란서민중이 왕의 모가지를 도끼날로 쳤기 때문이죠. 그것은 너무도 극적인 왕정의 단절을 의미하는 사건이었습니다. 불란서인민들은 바스티유감옥을 습격하고 제헌국민의회를 구성하고 프랑스인권선언을 채택하고, 드디어는 공화정을 선포하고 그들의 절대군주였던 루이16세를 단두대로 올립니다. 콩코드광장에서 2만 명의 시민이 지켜보는 가운데 루이16세의 모가지 위로 도끼날이 내려옵니다(1793. 1. 21.). 그리고 그해 10월 16일에는 그 아름답고 청순했지만 항상 국민들의 왜곡된 시선 속에서 살아야 했던 오스트리아(당시 최대 적국이었다) 출신의 왕비 마리 앙투아네트도 콩코드광장에서 남편의 뒤를 따라 참수됩니다.

이런 얘기는 세계사에 흔히 나오는 이야기이기 때문에 여러분들은 그냥 쉽게 듣고 흘려버릴지 모르겠지만, 한번 이렇게 생각해보세요. 우리도 19세기 민중의 반란이 크게 성공하여 광화문 앞에서 고종과 민비와 대원군을 모두 망나니 도끼로 날려보냈다, 이거 한번 우리 현실로 바꿔놓고 생각하면 과연 이러한 엄청난 사건을 우리의 리얼한 감각으로써 받아들일 수 있겠는가? 그리고 로베스피에르Robespierre, 1758~1794 같은 강렬한 민중혁명가가 나타나 부귀권세를 마음껏 누리던 세도가들을 모두 죽여버린다면 어떠했을까? 그리고 일본의 명치유신을 훨씬 능가하는 강력한 공화정의 개혁정치를 실현했다면?

이 시기에 우리는 동학혁명이 일어났습니다만, 봉기에 성공한 동학군은 정부군을 굴복시키고 전주화약全州和約을 성사시킵니다. 그리하여 집강소시대를 열고 자치콤뮨의 위세를 과시하기까지 하지만, 동학의 사람들은 불란서의 민중처럼 왕의 모가지를 날려버린다는 생각은 근원적으로 하질 못했습니다. 그리고 청일전쟁이 잇따랐고 동학군은 처참하게 궤멸되었고 녹두장군 전봉준, 해월 최시형 선생 모두 교수대로 올라가고 맙니다. 또다시 민중의 희생으로 끝나버리고 만 것이죠.

프랑스혁명이 왕정의 단절이라는 측면에서 매우 확고한 근대의 기준을 세웠고 또 앙시앙 레짐Ancien Régime(불란서혁명 이전의 유전적 왕정과 귀족들의 봉건체계를 총칭하는 말)이 유럽전역에서 붕괴되는 전파력을 과시했지만, 막상 왕정의 관성에 맹목적으로 헌신하는 다양한 왕당파들의 반격이 만만치 않았습니다. 나폴레옹의 제국주의는 오히려 근대적 성격을 지닌 것이죠. 19세기 프랑스역사에 '황제'라는 말과 '왕'이라는 말을 조심스럽게 구분해야 합니다. 황제보다는 왕이 정말 보수세력입니다. 그러니까 왕정복고가 계속 이루어지는 것이죠. 그 파란만장한 혼란스러운 역사 속에서 인간의 도덕적 진정성, 그 본질을 그려내고자 한 소설이 바로 빅토르 위고의 『레미제라블』이지요."

"우리가 문재인 대통령 관상을 보고 있었는데 곁가지가 너무 길어지면 곤란합니다."

"네! 곧 돌아갑니다. 조선왕조를 우리의 앙시앙 레짐이라고 해봅시다! 이 앙시앙 레짐은 불행하게도 우리 민중 스스로의 힘으로 끝내질 못했어요. 그것은 일제식민지가 되면서 끝나버린 것이죠. 다시 말해서 끝나지 않았다는 것이죠. 왕정을 지탱했던 모든 멘탈리티가 지속된 것이죠. 다시 말해서 우리의 왕정멘탈리티 그 자체를 길로틴에 올려야 되는 것인데, 우리는 그 멘탈리티를 일제를 통해 그냥 지속시켰어요. 그런 텃밭에서 친일파가 날뛸 것은 뻔한 이치죠.

아주 간단히 말하자면 해방 이후에도 진정한 공화정의 정신은 남에도 북에도 정착될 수가 없었다는 것이죠. 왕정복고가 이루어지는 것이죠. 북한에는 김일성왕조가 들어서고, 남한에는 이승만왕조가 들어섭니다. 같은 왕으로 말해도 김일성은 공산주의의 가면을 썼기 때문에 민중을 위해 복무한다는 제스츄어, 즉 극장국가의 배우노릇이라도 잘 하는 편이었어요. 그러나 이승만이라는 임금님께서는 반공이라는 이념으로 철저히 냉전의 주구走狗 노릇을 하셨기 때문에 그에게 반기를 드는 국민을 무자비하게 탄압했습니다. 명령계통이 어디서 내려오든지간에 이승만 임금님시대에는 우리 국민은 대량학살의 대상으로 인지되어도 아무런 항변을 할 수 없었습니다. 더없는 비극이지죠.

북한은 공산주의, 남한은 반공! 이것은 참으로 슬픈 현실입니다. 다시 말해서 북한에는 자기이념이 있는데 남한에는 자기이념이 없고 타자에 대한 무조건 반대만 있다는 얘기죠. 테제에 대한 안티테제가 아니라, '안티'만 있는 것이죠. 어떤 의미에서 남한사람들의 두뇌는 반쪽만 있는 것이죠. 안티블럭이라는 게 휴전선 철조망에만 있는 것이 아니라 우리의 뇌리에도 자리잡고 있는 것이죠.

누군가 저에게 이런 말을 하더군요. 노벨상이 별거 아니라고 한다지만 일본에는 수상자가 28명이나 되는데, 왜 우리나라에는 평화상 하나 빼놓고는 한 명도 없는가? 일본에는 물리학상·화학상·생리학·의학상만 해도 수상자가 22명이나 되는데, 그 객관적인 성취는 인정할 수밖에 없지 않은가? 왜 우리는 노벨상을 받는 과학자가 없는가? 물론 우리나라의 국력의 한계 때문에 같은 과학적 성취라고 해도 낮잡아뵈는 성향이 있었다는 것을 인정한다 해도, 이러한 수치는 역시 놀랍게 낮은 숫자 아닌가? 이 문제를 제기한 사람은 그 이유를 '반공'이라는 사고의 블럭이 한국인의 과학적 사유를 저해했다고 하는 사실에 두고 있었는데, 나는 참으로 탁견이라고 생각했죠. 우리나라와 같이 무시무시한 반공국가에서는 사상가는 물론 과학자도 탄생되기 어려운 것이죠. 제가 어렸을 때 외국 가는 여권 따기가 하늘의 별따기보다 어려웠는데 지금은 구청에서 호적등본을 하나 신청하는 것만큼 쉬워졌어요. 다시 말해서 여권 하나 따느라고 '도장이 한 말이 필요했던' 시절에 비한다면 지금 얼마나 사고영역과 생활영역과 표현영역이 넓어졌습니까? 우리가 반공에서 완전히 해탈된다면 우리의 사고가 얼마나 창조적으로 변모하겠습니까?"

"문 대통령 문제로 돌아가시죠."

4·19혁명과 군사독재

"대국大局을 모르면 소국小局의 한 수도 실패가 많아요. 문재인 즉 촛불혁명을 알기 위해서는 세계역사를 다 관통해야 한다는 것이죠. 이승만왕조의 무자비한 반공정치에 우리민중은 순응하지 않았습니다. 용감히 저항했습니다. 그런데 그러한 국민의 저항에 이승만정권은 도저히 저항할 길이 없도록 공포스러운 절대적인 공권력을 과시했습니다(여순민중항쟁 와중에 국가보안법 탄생. 1948. 12. 1.). 그것은 탄압이라고 하기 보다는 차라리 압살이요, 말살이요, 멸절이었습니다. 그런데도 우리 민중은 그 공포를 맨주먹으로 이겨내는 놀라운 끈기와 예지를 발휘했습니다. 해방 후에 일어난 큰 사건들만 몇 개 열거해보죠.

대구민중항쟁(1946년 10월) → 제주4·3민중항쟁(1948년 4월부터) → 여순민중항쟁(1948년 10월부터) → 4·19혁명(1960년 4월) → 부마민중항쟁(1979년 10월) → 5·18민중항쟁(1980년 5월) → 6월민주항쟁(1987년 6월). 이 민중항쟁 중에서 유일하게 확실하게 '혁명'이라는 단어를 쓸 수 있는 케이스가 4·19혁명입니다. 그 주체가 '학생'이었다고는 하지만 실제로 그것은 국민 모두가 동참하여 이승만왕조를 무너뜨린 사건이라 할 수 있습니다. 4·19는 이승만이라는 왕을 단두대로 올린 사건이었습니다.

4·19야말로 우리 국민에게 왕정을 처치할 수 있다는 자각적 신념을 안겨준 혁명적 사건이었습니다. 미국도 4·19혁명을 시인하지 않을 수 없었습니다. 4·19학생의거가 4·19혁명으로서 역사적 위상을 잡는 것을 보면서 쾌재를 부른 세력이 있었습니다. 해방후 조선경비대(남조선국방경비대, 대한민국국군의 전신) 내에서 남로당 간부들의 한 우두머리 노릇을 했다가 사형선고까지 받았으나 동료들을 배신하고 극적으로 목숨을 건진 사나이, 그리고 6·25전쟁이 터지는 통에 다시 군대로 복귀하여 많은 공을 세우고 별까지 단 사나이, 그러면서도 자유당 부패정권의 타락상에 항상 불만을 품고 군대 내에서 뜻있는 젊은이들과 정풍운동 벌인 사나이! 물론 이 사나이가 누군지는 잘 아시죠?

오늘날 우리나라 우파의 최고표상이신 이 분이야말로 모든 성향이 좀 붉다는 것을 우파들이 망각하고 있지요. 절대권력처럼 보였던 이승만왕조정권이 무너지는 것을 그 아성의 최후보루였던 미제국이 방관하는 것을 보고, 새로운 정권교체, 즉 쿠데타의 성공가능성을 점친 사람들! 이들은 대한민국군대 내에서 이승만왕조의 부패상에 분노를 느끼면서 새로운 주체적 국가상國家像을 동경하던 모종의 좌파였죠. 이 좌파들이 4·19혁명 이후의 사회혼란상을 틈타 쿠데타에 성공합니다. 국가재건최고회의(1961. 6. 6.~1963. 12. 16.)를 구성하고 제3공화국을 꾸려나간 이 세력은 처음에는 꽤 붉었어요. 모든 것이 사회주의적 내음새가 강하게 풍겼지요. 크게 보자면, 5·16군사정권이 내세운 경제정책이 모두 사회주의적 계획경제를 모델로 한 것이며 총 4차에 걸친 경제개발5개년계획이라는 것도 스탈린이 시도한 것을 한국적 현실에 맞게 번역한 것이죠.

그야말로 국가자본주의state capitalism라는 말이 당대의 한국의 정치·

경제·사회의 모든 형태를 잘 설명해줍니다. 국가가 자본주의 그 자체를 기획에 따라 연출하고 통제하는 것이죠. 이러한 국가자본주의 구조 속에서 우리나라의 이형적異形的인 대기업문화가 발전한 것이죠. 이승만왕조를 학생이 무너뜨리고 그것을 결국 박정희가 계승했는데, 박정희는 자신의 사회주의적 신념을 또다시 배반하면서 철저히 현실적인 패권주의자, 강력한 군사독재자로 변모해갑니다. 결국 다시 왕정복고가 이루어진 것이죠. 박정희왕조, 곧 유신체제가 성립합니다(1인독재체제는 실제로 왕조와 다름이 없다). 박정희는 대만의 총통제를 본받아 유신체제를 만들고 만 7년 잘 해먹었는데 그만 궁정동에서 그를 사랑하던 친구의 총탄을 맞고 세상을 하직하고 맙니다(1979. 10. 26. 김재규의 유명한 말: '민주화를 위하여 야수의 심정으로 유신의 심장을 쏘았다.')."

"19·20세기 서구라파의 역사가 거쳤던 기나긴 과정을 우리는 단기간 내에 구현한 셈이군요. 끊임없이 왕정복고의 시도는 있었지만 민주를 향한 민권의식은 꾸준히 확산되어 나갔다는 것을 말씀하고 계시군요."

"유 작가님은 정말 모든 것을 통관通觀하여 정확하게 파악하시는군요. 허긴 청년시절에 이미 『거꾸로 읽는 세계사』를 쓰신 분이시니까(그의 나이 29세 때의 작품. 심도 있는 명작이다), 내 말을 꿰뚫고 있겠죠."

"선생님의 언어는 사학도나 정치학도가 하는 말과 달라 너무 재미있고, 무엇인가 전체적인 그림을 새로 그리게 만들어주십니다."

"하여튼 나는 박근혜라는 분이 대통령이 되셨을 때, 이런 말을 했거든요: 박근혜의 대통령당선은 박정희신화의 종언을 의미하는 것이다.

상당히 통찰력이 있는 예언이었죠. 박근혜는 도저히 대통령이 될 수 있는 자질과 역량을 갖고 있지 못한 인물이었어요. 그런데 역사적 환경에 의하여 대통령으로 만들어졌죠. 그리고 대통령으로서의 자기위상을 스스로 파괴시킵니다. 박근혜는 박정희왕조를 본질적으로 몰락시키는 사명을 띠고 세계정신에게 발탁된 인물이라고 봐야겠지요.

앞서 내가 열거한 해방 이후의 민중항쟁의 역사를 일별해보면 항쟁의 방식이 지역적 저항에서 전국적 항쟁으로 퍼져나간 것을 알 수 있고, 또 항쟁의 정도가 더 치열해져감에도 불구하고 목숨을 잃은 자들은 오히려 줄어들었다는 것을 알 수 있습니다. 4·3이나 여순에서는 수만 명이 학살당했으니깐요. 물론 이러한 변화는 언론의 역할이나 민심의 뚜렷한 향배가 소수의 독재적 횡포를 막아주었다는 사실에 기인하지만, 절대정신의 이성적 진보의 관점에서 보면 국민의 민주의식이 꾸준히 확대되어 나갔다는 것을 말해줍니다.

세계적으로 냉전의 이념의 굴레 속에서 한국인처럼 잘못된 권력에 대한 꾸준한 저항을 감행한 민족은 없습니다. 가까운 일본이나 중국에서도 비슷한 사례를 찾기가 어렵고, 전 세계 어디에서도 이토록 정의감이 강하고 소위 '반골기질'이 강한 민족은 비견할 데가 없습니다.

내가 말하는 '촛불혁명'이란 바로 불란서혁명 이래 인류가 구현하고자 한 자유·평등·박애의 근대정신을 가장 극한점에까지 밀고나간 쾌거이며, 우리나라 해방 이후의 민권운동의 정점을 이루는 사건이라는 것이죠. 이 민권운동의 뿌리는 서구처럼 천부인권설에 있는 것이 아니라, 우리 문명에 내재하는 동학의 인내천人乃天(사람이 곧 하느님이다. 인간이

하느님으로부터 무엇을 받는다는 신수설神授說이 아니라 인간이 스스로 하느님임을 자각自覺한다)사상으로부터 내려오는 근대정신의 구현입니다."

"그러니까 촛불혁명이라는 것은 왕정적 가치관을 가진 정치적 지도자를 국민의 자각적 의식 속에서 근원적으로 제거한 사건을 의미하는 것이군요."

"그렇습니다. 우리나라의 촛불혁명은 바로 그러한 왕정복고의 가능성을 뿌리로부터 멸절시킨 사건입니다. 조선왕조의 수호자들, 일제강점기의 총독들과 그 친일추종자들, 이 모든 수구세력들을 활용하여

2016년 11월 5일 광화문촛불혁명의 한 장면

왕정을 복고시킨 임금 이승만을 또다시 계승한 불행한 군사독재자 박정희의 신화적 지배력을 단절시키고, 박정희신화의 정통후계자인 허구적 구성물 박근혜의 실상을 폭로시킴으로써, 다시는 이 땅에 왕정의 그림자가 얼씬거려서는 아니 된다는 단호한 결의를 민중 대다수가 직접적으로(마치 그리스 아테네의 에클레시아 직접민주주의처럼) 표명한 사건이라 말할 수 있습니다.

왕정멘탈리티의 지배자를 혁革하는 과정이 기존의 헌정질서 내에서 이루어졌을 뿐 아니라 일체의 물리적 폭력이 배제된, 매우 질서정연하고 평화스러운 시위로 이루어졌다는 사실은 인류역사상 유례를 볼 수가 없습니다. 일체의 유혈사태가 없이 왕권의 교체를 이룩한 명예혁명 Glorious Revolution(1688년 전제정치를 행하는 제임스2세를 축출하고 메리와 윌리엄3세가 『권리장전』을 승인하고 왕위에 오름) 보다도 훨씬 더 명예롭게 진행된 사건이었습니다. 성숙한 시민의식과 헌재에 의한 단호한 최고권력자의 파면, 초토사 홍계훈과 전봉준 장군이 담판을 벌이던 시절의 그 스산한 역사장면들을 생각하면 우리 역사가 여기까지 왔다는 것이 참으로 자랑스럽습니다. 다시 말해서 서구의 역사가 지향한 모든 근대적 가치를 우리 민족은 내면적 자각에 의하여 단기간 내에 명예롭게 달성한 것이죠."

"그러니까 문재인 대통령은 촛불혁명이 지향한 세계사적 정신을 구현해야 할 의무를 지니고 있다는 말씀이시죠."

"그렇습니다. 그것은 이 조선대륙에서 냉전질서를 종료시키는 것, 그리고 민주적 가치를 명료하게 구현하는 것, 남북의 화해를 달성하는 것,

등등의 세계사적 과업을 걸머지고 있다는 뜻이지요."

김정은의 관상

"자아~ 다음으로 김정은의 관상을 볼 차례인데, 너무 세계사적 개인의 차원으로 나가지 마시고 간단하게 말씀해주시죠."

"내 말이 자꾸 길어져서 질리셨나봐요. 그런데 앞서 두 사람은 진량盡量 세계사적 개인World-Historical Individual으로 대접해놓고 김정은만 소략하게 넘어갈 순 없죠. 그래도 간단히 해봅시다. 우선 김정은은 생긴 외모가 누구를 닮았죠?"

"누구든지 김일성을 닮았다고 하겠지요. 뚱뚱한 몸매에 헤어스타일까지."

"그런데 사실 김정은 어렸을 때 사진을 보면 그렇게 뚱뚱한 사람이 아니었어요. 매우 슬림하고 청순하게 보여요. 언뜻 받는 느낌도 할아버지보다는 아버지(김정일) 얼굴이 더 강하게 나타나죠. 그러니까 김일성의 느낌을 강하게 풍기는 식으로 빌드업되었다는 것이죠. 그럼 왜 그런 느낌으로 외관을 빌드업했을까요?"

"김일성의 정통후계라는, 그러니까 백두혈통을 강조하기 위한 것이겠죠."

"맞습니다만, 이러한 이미지 빌딩에는 여러 가지 내면적 문제가 있어요. 우선 김정일 국방위원장은 아버지 김일성의 권력을 승계하는 데만

20년의 세월을 소비했어요(조직·선전담당비서, 1973년 9월~국방위원장, 1993년 4월). 그동안 다양한 파워 스트러글을 거치면서 자기의 진정한 카리스마를 축적한 탁월한 정치인이었습니다. 그런데 김정은은 그러한 시간적 여유나 역사적 환경을 얻지 못했습니다. 공산주의체제 내에서도 지도자가 되려면, 도덕성, 권한성, 능력성, 조직성을 갖추어야 하는데 이런 것을 입증할 수 있는 시간적 여유가 없었어요.

김정은은 2008년 8월 김정일이 뇌혈관질환으로 쓰러진 후에나 지도자로서 존재가치가 부상하기 시작했습니다. 그리고 그가 김정일이 위원장으로 있는 당중앙군사위의 부위원장이 된 것은 2010년 9월이었습니다. 그때 김정은의 나이 26세였죠. 그리고 다음해 김정일이 서거하고(2011. 12. 17. 희천발전소 현지지도방문을 위해 가는 열차 안에서 영면), 제4회 조선로동당대표자회(2012년 4월)에서 신설한 당제1서기의 포스트에 앉았고, 최고인민회의에서 신설한 국방위원회 제1위원장이 되었고, 2012년 7월에는 인민공화국 원수가 되었으니까, 그는 불과 1·2년 사이에 원수의 자리에 앉았습니다. 이 프로세스가 매우 급격히 진행될 수밖에 없었지만 도덕적 하자는 없었습니다."

"김정일 때와는 달리 이미 백두혈통의 세습이 관례가 되었고, 또 김정일이 생전부터 열심히 자기 아들의 모습을 텔레비전에 비추면서 후계자임을 선언해왔으니깐 외면상의 문제는 없었겠지요."

"그렇습니다만, 그만큼 그 도덕적 명분을 정당화할 수 있는 권한성, 능력성, 조직성을 과시해야 하겠지요. 우선 권한성에 관해서는 김정은이 현재 장악한 포스트의 명과 실은 한 인간이 가질 수 있는 최대·최고의 권한이기 때문에 별 문제가 없습니다. 김정은은 현재 조선로동당 위원장, 당중앙군사위원회 위원장, 조선민주주의인민공화국 국무위원장, 조선인민군 최고사령관, 그리고 조선민주주의인민공화국 원수라는 공식칭호를 지니고 있습니다. 김정은은 명목상으로 당·군·국가를 통괄하는 진정한 최고의 권력자로서 아무런 하자가 없습니다. 문제는 이 명목을 뒷받침할 수 있는 능력과 조직에 있다고 할 것이나 이런 문제는 북한학 전문가들의 담론에 속하는 문제이기 때문에 여기서 다룰 것까지는 없겠네요."

"그래도 매우 짧은 시간 내에 엄청난 명분을 획득한, 젊은 백두혈통의 후계자로서 그동안 그가 그의 능력과 조직을 과시하는 많은 일들을 효율적으로 수행하여 왔다는 평가는 있는 것 같습니다."

"트럼프도 젊은 친구가 제법이라는 얘기를 한 적이 있으니까요."

"선생님께서는 김정은의 성장과정에 관하여 누구보다도 먼저 자세한 소개를 해주신 적이 있습니다만 그런 얘기가 좀 재미있을 것 같네요."

"제가 앞서 김정은의 외모에 관해서 질문을 한 것은 그가 단기간 내에 카리스마를 획득하기 위하여 김일성의 외모를 빌둥*Bildung*(형태를 만듦. 도야, 교육의 독일어)했다고도 볼 수 있지만, 역으로도 볼 수 있습니다. 그는 김일성의 정통후계자로서 아버지 김정일에까지 내려온 그 통치철학을 충실히 계승한다는 측면 이외로도 그 전승으로부터 자유로워지고 싶은 새로운 시대적 갈망을 구현한다고도 볼 수 있습니다."

"계승이 아닌 단절을 위해서 오히려 비슷한 모습을 지닌다, 참 재미난 역설이네요. 보통 북한연구가들이 생각 못하는 깊이 있는 역설일 수도 있겠네요."

"소설 『영웅문』에 나오는 곽정郭靖과 양강楊康에 관해 아시죠?"

"선생님은 무협소설도 읽으세요?"

"대만에 유학가자마자 원서로 다 통독했죠. 제가 원래 무술에 취미가 많잖아요?"

"아~ 대가시죠. 그런데 왜 갑자기 두 사람 얘길 꺼내세요?"

"김정은이 곽정에 가까울까요? 양강에 가까울까요?"

"글쎄요."

고용희와 북송선

"제가 지금 하려는 얘기는 김정은의 유학생활에 관한 것이죠. 김정은은 김정일의 넷째 부인 고용희高容姬가 낳은 2남 1녀 중의 차남입니다. 김정일이 사랑했던 둘째 부인 성혜림成蕙琳, 1937~2002(김정남의 엄마)은 신병치료차 모스크바에서 주로 살다가 객사했고, 또 아버지 김일성의 인가를 얻지 못했기 때문에(성혜림은 유명한 소설가 리기영의 첫째 아들 이평李平의 부인이었다), 김정일의 일생에서 부인이라고 할 수 있는 여자는 고용희뿐이었죠(셋째 부인 김영숙金英淑은 아버지가 점지해준 인물이지만 김정일은 정을 주지 않았다)."

"고용희는 제주도 여자라면서요?"

"잘 아시는군요. 일본 오오사카에 가면 이쿠노쿠生野區 쯔루하시鶴橋라는 곳에 유서 깊은 코리아타운이 있습니다. 사실 이 타운은 일제강점기에 제주도 11개 포구를 돌아 오오사카항까지 왔다갔다 했던(한 달에 2번) 키미가요마루君が代丸라는 900톤급의 정기화객선貨客船의 빈번한 소통으로 말미암아 자연스럽게 형성된 한인촌이었습니다. 그러니까 제주도사람이 대부분이었죠. 재미있는 사실은 지금도 일본의 재일교포에게 고향을 물어보면 제주도라고 대답하는 사람이 많아요. 이 코리아타운의 핵심지구가 이카이노猪飼野라는 곳인데 여기에 히라노카와平野川라는 개천이 흐르고 있어요. 이 개천의 옛 이름이 '백제천百濟川'이었어요. 이곳에 정착한 백제사람들이 돼지를 사육한 데서 '이카이노'(돼지멕이들)라는 이름이 생겨났다고 하는데 그 실상은 좀 복잡할 거에요. 하여튼 일제강점기에 형성된 코리아타운이 옛 백제땅이었다는 사실이 우연은 아닐 거에요.

고용희(이름을 '고영희'로 알고 있는 사람이 있는데 그것은 틀린 것이다)는 1952년 6월생(이름과 생몰년은 평양 대성산 묘소에 정확히 새겨짐)인데, 북한에서는 공식적으로 북제주군에서 태어났다고 하지만, 출생연도로 볼 때 그 시절은 도일渡日이 쉽지 않았으므로 오오사카 이쿠노쿠 쯔루하시에서 태어났을 가능성도 큽니다(출생지를 북제주군으로 한 것은 아버지 고경택의 고향을 기록한 것일 가능성이 높다). 하여튼 고용희는 오오사카에서 성장했는데 1962년에 북송선을 타고 평양으로 이주합니다."

"북송선을 탄 사람들이 대부분 고향이 남쪽 사람들인데 왜 그렇게 대거 북한으로 이주하게 되었는지 이해가 가질 않아요. 일본에서 아무리 핍박을 받는다 해도, 당시 일본은 엄청 호황이었고 자유가 보장된 나라였는데 자유주의국가에서 공산주의국가로 이주한다는 것, 베를린 장벽 역행현상 같은 것인데 잘 이해가 가질 않아요."

"우리가 알아야 할 것은 북송선에 전혀 강제성은 없었다는 것입니다. 이미 4·19가 터지기 전해인 1959년 12월 16일 재일동포 975명을 태운 귀국선(북송선)이 청진항에 도착했습니다. 그리고 다음해 북한으로 간 재일동포 숫자는 자그마치 4만 9036명에 이릅니다. 그리고 1961년에 2만 2801명이 갔어요. 그 뒤로도 계속 이어졌는데 총 9만 3000명이 갔다고 해요. 냉전체제하에서 자본주의국가에서 사회주의국가로 민족 대이동이 이루어진 유일한 사례라고 하죠. 우리나라역사에는 알고보면 이런 희한한 일들이 많아요. 그것은 바로 제주4·3민중항쟁과 여순민중항쟁의 참혹상을 이해하지 못하면 이해가 되질 않습니다. 재일교포들이 해방 후에 기대를 가지고 고국에 돌아왔지만 그들에게 선사된 것은 바로 끔찍한 4·3의 대량학살이었죠. 부모 잃고 자식 잃고 고향 잃고 고국을 잃은 일본의 실향민들은 남한사회로 돌아간다는 것이 끔찍했어요. 그만큼 당시 일본에 살고있던 조선인의 입장에서 볼 때 북한사회가 남한사회보다 더 도덕성이 있었고(북한은 해방 직후부터 재일교포의 교육사업을 체계적으로 도왔다), 삶의 조건도 더 매력이 있는 것으로 느껴졌다는 것이죠. 이런 역사를 우리는 객관적으로 반추해봐야 합니다."

"아~ 정말 중요한 말씀을 하고 계시군요. 물론 당시 북송선을 탄 사람들의 판단이 옳았다고 말할 수만은 없겠지만 당시 남한의 정치적 현실을 되돌아보게 만드는 한 희비극의 단면이겠네요."

"하여튼 고용희 집안사람들은 오오사카에서 평양으로 옮겨졌고 고용희는 1971년 만수대예술단에 들어가 무용단원으로 활동하다가 1970년대 중반에 김정일의 눈에 띄어 그의 아내가 됩니다. 그 아래서 김정철(金正哲, 1980년생), 김정은, 김여정(金與正, 1987년생)이 태어납니다. 김정일 위원장은 고용희를 매우 사랑한 것 같습니다. 그런데 김정일 위원장은 여복이 없는 분이에요. 고용희도 이 세상에서 결코 행복하게 살지를 못했어요. 계속 병환으로 시달렸습니다."

"김정일 위원장은 탁월한 예술적 감각이 있었던 사람이고 보면, 그가 사랑한 고용희라는 여인도 보통 여자는 아니었겠네요."

"고용희는 수려한 얼굴에 그냥 평범하고 소박한 스타일의, 그리 티를 내지않는 복성스러운 여인이었어요. 그리고 권력투쟁의 와중에 끼기를 싫어하는, 그래서 자식들을 평범하게 키우고 싶어했어요. 하여튼 제주 고씨 집안의 품격있는 덕성을 갖춘 푸근한 스타일의 여인이었어요.

베른의 김정은

과거에 우리나라에서 외국유학이라 하면 특권계층 자제들의 화려한 외출로 인식되었지만 고용희는 북한에서는 도저히 자기 자녀들을 평범하게 키울 수가 없다고 생각했어요. 만경대혁명학원이니 김일성종합대학과 같은 학교에 보내본들 사람들의 시선을 의식하게 되니 편하게 공부할 수가 없고, 배우는 내용도 맨 혁명주제의 정치선전이 주류를 이루니깐 골고루 사유가 성장할 수 없다고 판단한 것이죠. 무엇보다도 자식들이 특수한 신분의 자제로서 학생들로부터 격리되는 것이 두려웠다고 말합니다. 그래서 고용희가 자녀교육지로 선택한 곳이 바로 스위스의 실제 수도라 말할 수 있는 고색창연한 고도 베른Bern이었죠. 베른은 정말 아름다운 곳이에요. 세계에서 살기 좋은 10대도시 중의 하나로 꼽혔어요. 면적 52km^{2}에 인구는 40만 정도. 아아레Aare 강이 태극형상으로 휘감아 도는 알트슈타트Altstadt(고도古都구역)는 유네스코 월드 헤리티지 사이트로 지정되었죠(1983).

그 알트슈타트 동쪽으로 한적한 곳에 베른 인터내셔널 스쿨International School of Berne이라는 좋은 학교가 있습니다. 이 학교는 초·중·고를 다 포함하는 12학년제 학교인데, 베른이 독일어구역이기 때문에 이 학교의 모든 교과정도 독일어로 가르쳐집니다. 제일 먼저 장남 김정철이 1993년에 이 학교로 입학했습니다. 김정은은 1996년 여름에 이 학교에 입학했으나 한 학기를 다니고나서 더 평범한, 자택에서 아주 가까운 공립중학교로 적을 옮깁니다. 만 4년 이상을 베른의 평범한 공립학교에서 유학했습니다. 처음에 얼마 기간 어학수련을 받은 후, 중·고등학교에 해당되는 과정을 밟은 것이죠."

"베른 하며는 생각나는 사람이 있지요. 레닌도 한때 그곳에 머물지 않았던가요?"

"1917년 볼셰비키 10월혁명을 리드하기 위해 특별봉합열차sealed train를 타고 페트로그라드로 입국하기 전까지, 레닌은 베른을 혁명조직거점으로 활용했습니다(취리히에도 있었다). 뿐만이 아니죠. 바로 아인슈타인이 세계문명사를 변혁시킨 상대성이론을 만든 것도 그가 베른에서

특허국 직원으로 일할 때였습니다. 아인슈타인은 1901년에 스위스국적을 획득한 후로 죽을 때까지 스위스국적을 지켰습니다."

"그토록 위대한 인물들이 많이 머물렀던 고도 베른에서의 김정은의 생활은 어떠했나요? 공부를 잘했나요?"

"김정은은 12살 때부터 17살 때까지 베른에서 생활했습니다. 동생 김여정은 공립초등학교를 다녔고 김정은은 공립중학교를 다녔습니다. 그들은 공립학교에서 한 300m 떨어진 곳에 위치한 소박한 맨션 한 층을 빌려 생활했습니다. 그런데 이들의 유학생활을, 엄마는 병치레 하느라고 직접 보살피지 못했습니다. 고용희는 김정은이 20살 때 프랑스 파리의 어느 병원에서 사망합니다. 김정은의 유학생활을 보살핀 것은 이모 고용숙高容淑과 이모부 이강李剛이었습니다(이들은 1998년에 미국으로 전가족이 망명했다).

스위스 베른 유학시절의 김정은. 둘째줄 가장 왼쪽 1999년 동급생들과 함께
이소자키 아쯔히토礒崎敦仁 지음, 『신판 북조선입문北朝鮮入門』(東京: 東洋經濟新報社, 2017), p.61.

내가 너무 자질구레한 것까지 많이 알아서 얘기가 길어지는데 유 작가님의 질문에 간결히 대답하기 위해서 그냥 그 공립학교 교장선생님, 피터 부리라는 분이 나중에 인터뷰에 응해 한 말을 인용하면 될 것 같아요:

> '우리는 북조선대사관 직원의 자녀라고만 알았어요. 베른에서는 그러한 신분상태가 이상하게 여겨질 아무런 이유가 없지요. 우리는 정은이를 편견을 가지고 바라볼 아무런 이유가 없었습니다. 그리고 정은이는 한 명의 학생으로서 평범하지 않은 사람으로 여겨질, 아무런 빌미도 우리에게 남기질 않았습니다. 정은이는 문제를 한 번도 일으킨 적이 없는 너무도 평범한 생도이었으니까요.'(이소자키, 『전게서』, pp.60~61).

그리고 2000년 가을학기부터 정은이가 귀국하기까지 마지막 학교생활을 담당했던 지도교사 시모네 쿤은 정은에 대한 추억을 매우 아름답게 회상하고 있습니다: '조용한 아이였습니다. 담임교사로서 별로 손쓸 일이 없는 매우 훌륭한 아이였습니다. 어느날 찾아와서 "내일 노스 코리아로 돌아갑니다"라고 인사하고는 그 뒤로 바로 학교에 나오지 않았습니다. 섭섭했지요.'

부리 교장은 또 이렇게 회상합니다: '정은이는 수학을 잘했어요. 독일어사전을 많이 뒤적거려야만 하는 사회과학 과목은 힘들어했어요. 그러나 정은이는 아~ 정말 무엇이든지 열심히 달려드는 노력가였어요. 지는 것을 싫어했어요. 모든 분야에서 자기가 노력해서 좀 더 좋은 점수를 따고 싶어하는, 그런 적극적 성격의 아이였지요. 그리고 그렇게 해서 조금이라도 성취가 이루어지면 정말 기뻐했지요.' 하여튼 김정은의 스위스유학생활에는 그에 대한 부정적 이미지가 거의 없어요."

"중요한 것은 김정은 위원장이 성장하는 과정에서 매우 소박하고, 정상적인 삶을 거쳤다는 얘기군요."

"그렇습니다. 궁정의 암투 속에서 자라난 양강 스타일이라기보다는 몽골초원에서 순박하게 자라난 곽정 스타일이라는 것이죠. 우리가 북한의 행태를 분석할 때 매우 이상한 것도 많고 이해가 잘 안되는 기괴한 행동까지 있기는 하지만, 그래도 일단 그 정상적인 실상 위에서 모든 것을 분석해 들어가야 한다는 것이죠.

김정은이 산 곳에서 학교까지 300m 떨어져 있었는데 5년 내내 그 길을 혼자서 걸어다녔다고 합니다. 일체 보디가드나 경호원이 없이, 아무런 방해나 음모나 위험을 감지하지 않고 평온하게, 아름다운 소년시절을 보냈던 것이죠. 김정은이 걸어다닌 길은 매우 조용하고 아름다운 길이었죠. 김정은은 북한대사관 관원의 자식으로 등록되어 있었습니다. 김정철은 박철, 김정은은 박은, 그들의 아버지는 박용수로 학적부에 기록되어 있습니다.

물론 김정은은 독일어와 영어가 다 서툴러서, 역사나 사회과학 과목에는 애를 먹었던 모양인데, 수학·과학분야에는 좋은 성적을 내었고, 따라서 과학기술문명에 있어서 조국의 수준이 뒤떨어져서는 아니 되겠다고 하는 선진의식을 갖게 된 것이 유학의 성과라고 합니다. 김정은은 자기와 똑같이 독일어·영어가 서툴렀던, 포르투갈에서 이민 온 집안의 자제, 죠아오 미카에로라는 학생과 매우 친했다고 합니다. 둘이 항상 자전거를 타고 같이 유람하기를 즐겨했고 미카에로 엄마가 만들어주는 경양식을 아주 맛있게 먹었다고 합니다. 같이 숙제도 하고 같이 컴퓨터게임도 하고 노상 붙어다녔는데, 5년 내내 이 둘 사이에 우정이 금이 간 적이 없다고 하는군요.

정은이는 농구광이었는데 하루는 NBA게임을 보러 파리에 간 적도 있다고 합니다. 미카에로를 데리고 둘이 비행기로 갔는데 그것도 게임만 보고 당일 무사히 귀가했다고 해요. 정은이는 농구를 보고 즐긴 것뿐 아니라 매우 적극적인 플레이어였다고 합니다. 그때는 몸이 슬림해서 농구를 썩 잘했다고 해요. 한국어판 만화 『슬램덩크』 전질을 사다가 광적으로 읽고 좋아했다고 합니다. 하여튼 이런 얘기 얼마든지 해봐야 별 소용이 될 것 같지 않고, 단지 포르투갈 학생과 친하게 지내면서 약자의 입장 같은 것을 느껴볼 수 있는 기회를 가졌다고 합니다. 하여튼 지적하신 대로 정상적인 인간으로서 정상적인 교육을 받고 컸다는 것은 의심할 여지가 없습니다. 그가 작년 4월 27일, 11년만에 재개된 남북정상회담에 그 모습을 드러내었을 때, 우리 대한민국 민중에게 비춰진 그의 모습은 예의바르고 건실한 청년의 모습이었습니다. 나는 북한의 비정상적인 행태도 피차 이러한 상식인의 입장에서 분석해들어가야 한다고 생각합니다."

"선생님 말씀을 듣고 보니 세 국가의 정상들이 다 비슷한 문제의식을 공유하면서 세계사의 장 속에서 만나게 된 인물들이라는 생각이 절실하게 드는군요. 이성의 간지에 의하여 호출당한 세 사람, 세계정신이 자신의 정·반·합적 지양Aufheben(합은 기존의 정의 자리로 돌아가지 않는다. 반드시 지양된 정의 자리로 간다. 지양이 곧 역사의 발전이다)의 역사를 펼쳐

내는 과정에서 소환된 배우들이라고 해석이 될 수 있겠네요."

"내가 여태까지 한 모든 말들을 한 줄로 축약하셨습니다."

크로노스와 카이로스

"이 세 사람의 공통성을 한번 생각해보죠. 트럼프 대통령도 미국의 오랜 기득권집단들이 해오던 관행에 의하여 아주 점잖게 역사를 주물러봤자 별볼일 없다, 더이상 그런 고귀하고 세련된 듯이 보이는 이스태블리쉬먼트의 쳇바퀴 속에다 미국의 미래를 맡길 수 없다는, 보수적이면서도 전위적인 새로운 흐름이 만들어낸 독특한 캐릭터이고, 문재인 대통령도 해방 후부터 여태까지 반공을 국시로 내걸면서 자국민을 학대하고, 독재를 감행하면서, 내부의 부패를 온양醞釀시켜왔던 다양한 기득권층들이 연출해내는 썩은 역사를 근원적으로 단절해야겠다는 민중의 염원이 만들어낸 새로운 스타일의 지도자이고, 김정은 위원장도 물론 단기간 내에 권력을 세습받았다고는 하지만 북한의 기득권층들이 유지해왔던 시스템이 더이상 효율적으로 작동될 수 없다는 문제의식을 가지고 새로운 조직과 새로운 역량, 그리고 새로운 리더십 스타일을 내세우는 지도자라는 것이겠지요."

"맞습니다! 이 세 사람이 조선대륙(나는 '한반도'라는 표현을 거부한다. 한반도라는 것은 과거 우리역사에 없었던 표현이다. '섬나라'의 일본학자들이 "쵸오센한토오"라고 만들어낸 것을 우리가 답습한 것이다. 조선은 반도로 인식된 적이 없다. 조선은 시종일관 아시아대륙질서의 주축이다)이라는 무대 위에서 만난 것이 너무도 절묘하다는 것이죠."

"이 세 사람은 절대정신에게 호출되어 나올 때, 지금 이 세상의 돌아가는 판을 바꾸라는 사명을 가지고 세계사에 등장했다는 것을 말씀하시는 것이죠."

"희랍사람들은 '시간'을 의미하는 말로서 두 가지 단어를 써요. 하나는 '크로노스*chronos*, χρόνος'라는 것이고, 하나는 '카이로스*kairos*, καιρός'라는 것인데, 크로노스는 그냥 객관적인 시간이죠. 시계 위에서 굴러가는 것, 하루 24시간으로 구성되는 것, 그런 것이죠. 영어로도 시계를 크로노메타chronometer라고 하잖아요.

그런데 인간에게 더 소중한 시간이 바로 카이로스라는 것이죠. 카이로스는 타임이 아니라 타이밍이라 말할 수 있는 것이죠. 생명력이 부여된 시간, 죽어서 무차별하게 흘러가는 시간이 아니라 살아 꿈틀거리는 시간, 나는 이 카이로스라는 말을 아주 좋아해요. 카이로스는 우리 삶에 있어서, 기회, 행동의 적절한 순간, 결정적인 때, 이점, 장점, 강점, 좋은 결과 등을 의미하죠. 카이로스는 신의 이름이기도 하죠(cf. 김승중 지음, 『한국인이 캐낸 그리스문명』, 서울: 통나무, pp.33~47). 한국사람들이 말하는 '때'라는 개념은 실상 크로노스라기보다는 카이로스를 가리키고 있지요. 그만큼 조선대륙문명권의 사람들은 생명력이 넘치는 우주를 구상했어요."

"그러니까 이 세 사람의 해후가 크로노스가 아닌 카이로스다! 우리 역사의 결정적인 때다! 우리 민족에게 둘도 없는 챤스다. 엄청난 이득을 휘몰고 올 기회다! 그것을 말하시려고 하시는군요."

"맞습니다. 생각해보세요! 최수운이라는 사람이 동학을 창시하기 전까지는 그냥 보따리장수(일종의 보부상)로서 전국을 유람했습니다. 그게 뭔 뜻이겠어요. 엄청난 지식인임에도 불구하고 재가녀의 자식이라 과거도 못 보고 벼슬길이 막히니깐 그냥 유람하면서 세상을 배운 것이죠. 그는 당시 저 만주까지 갔을 가능성이 큽니다. 그가 유람할 시기가 바로 중국이 1·2차 아편전쟁의 패배로 인해 서구열강에게 잠식되어 가던 시기였습니다. 그리고 미국은 남북내전이 벌어지기 직전의 상태에 있었습니다. 그러니까 이러한 세계정세의 대변동을 누구보다도 먼저 폭넓게 감지한 선각자가 바로 수운 최제우였습니다.

그가 『좌전』, 『한비자』 등에 나오는 '순망치한脣亡齒寒'이라는 말을 자주 쓰는데, 결국 국제정세의 변화로 인하여 조선의 명운이 위태롭게 되었다는 것을 말하고 있는 것이죠. 그가 무극대도인 동학을 창시한 후에 바로 지은 노래가 있어요. 칼춤을 추면서 부르는 노래인데 '검결劍訣'이라고 하죠. 너무도 장쾌한 노래이죠.

시호時乎시호時乎	이내시호時乎
부재래지不再來之	시호時乎로다!
만세일지萬世一之	장부丈夫로서
오만년지五萬年之	시호時乎로다!
용천검龍泉劍	드는칼을
아니쓰고	무엇하리
무수장삼舞袖長衫	떨쳐입고
이칼저칼	넌즛들어
호호망망浩浩茫茫	넓은천지天地
일신一身으로	비껴서서
칼노래	한곡조曲調를
시호時乎시호時乎	불러내니…

이렇게 나가는 노래인데 제일 앞 줄에 나오는 몇 마디만 해석하면 이렇습니다.

> 때다! 때다! 나의 때다! 다시 오지 않을 때이로구나!
> 만세에 한 번 날까말까 하는 대장부로서 오만 년 만에
> 찾아온 때이로다!

여기에 '때다! 때다!' 하는 말이 곧 '카이로스다! 카이로스다!' 하는 얘기죠. 다시 말해서 수운은 순망치한(입술이 없어지면 이빨이 시리다. 중국이 무너지면 그 여파는 반드시 조선에 미친다)의 위기를 오히려 기회라고 생

각한 것이죠. 우리 민족의 절호의 카이로스라고 생각한 것이죠. 다시 말해서 세계정세의 대변혁의 시기에 우리 자신을 변혁할 때가 찾아오고 있다는 것을 예언한 것이죠. 수운은 조선왕조의 멸망을 이미 예언했습니다. 참으로 예리한 통찰을 지닌 인텔렉츄얼 자이언트intellectual giant였습니다.

그런데 조선왕조의 사람들은 이 '칼노래'를 죄목으로 삼아 수운의 목을 벱니다. 이런 황당한 일이 또 어디 있겠습니까? 한번 생각해보세요. 만약에 조선왕조말기에 우리 민족의 자존과 갱생의 카이로스를 포착한 동학군을 토벌할 것이 아니라, 관군이 동학군과 합세하여 일본군을 격퇴시키는 계획을 짰더라면 20세기 역사가 달라졌을 것입니다. 관군이 일본군과 합세하여 죽창과 빈약한 화승총을 든 동학농민군 수만 명을 기관총(대포 같이 큰 종류였는데 엄청난 횟수의 연발이 가능)으로 갈겨버리는 그런 터무니없는 멍텅구리짓을 하다니요. 그게 말이 됩니까? 물론 이렇게 말하겠지요. 조선왕조의 입장에서는 동학군은 역도逆徒였는데 어떻게 왕조가 손잡냐고? 생각해보세요. 일본군은 우리나라를 침탈하려는 침략군이고 동학군은 이 나라의 강산을 지키려는 보국안민輔國安民의 의용민중인데, 외국의 침략군과 손을 잡을 수는 있으면서 충직한 자국민과는 손을 잡을 수 없다니요?

이게 바로 내가 말하는 '이데올로기'의 폐해입니다. 역사가 흘러가놓고 보면 그 당시에는 불가능했던 사태가 얼마든지 가능할 수 있는 사태로 인지될 수도 있지 않습니까? 이것이 바로 제가 말하는 카이로스라는 겁니다. 카이로스가 올 때에는 모든 힘을 다해서, 온 국민이 합심해서 그 카이로스를 붙잡아야 하는데 그것을 무관심하게, 기득권의 유지를 위해서 넘겨 버리고, 흘려버리고 말다니! 때다! 때다! 진정한 우리 민족의 때가 왔다고 외치는 수운을 반역의 천기를 누설한 검결을 지었다는 죄목으로, 또 서학西學(천주교)의 누명까지 뒤집어씌워 대구 관덕정에서 참수했어요.

그리고 34년 후에는 조선의 진정한 성인이라 말할 수 있는 2세교조 해월 최시형을 서울 단성사 뒷켠 육군법원에서 교수합니다. 그리고 조선은 일본의 식민지로 전락함과 동시에 왕조의 역사를 폐막하게 되는 거죠. 지금 바로 오늘 이 시각, 우리가 이러한 오류를 반복하고 있는 것이 아닐까요?"

〈막간단화幕間短話〉

현대사를 쓴다는 것은 정말 어려운 일이라는 것을 통감한다. 내가 유시민 작가와 대화를 나눈 것은 2019년 9월 30일의 사건이고, 그것이 유튜브를 통해 알릴레오 프로그램으로 방영된 것은 10월 4일의 일이다. 내가 이 글을 쓰고 있는 동안 조국사태가 벌어졌고 국민들은 또다시 촛불을 들고 서초동 주변 강남의 대로들을 꽉꽉 채웠다. 매번 100~200만의 상징적 민의가 표출되었다. 그 프로세스에 관한 여하한 도덕적 평가와 무관하게 조국 장관의 사태는 서글픈 일이다. 많은 사람이 허탈하게 느끼고 있다. 그러나 그러한 사태의 전말을 지배하는 원칙이 있었다면 그 원칙이 모든 사람에게 보편적으로 적용되는 사회가 될 수 있기만을 바란다. 엇그제도 또 슬픈 소식이 들려왔다. 지난 15일 평양 김일성경기장에서 열린 월드컵예선 조별리그전 남·북한경기가 무관중의 "깜깜이"경기로 진행되었다는 기괴한 소식이 들려왔다. 다시 말해서 남한사회의 진행방식이나 북한 리더들의 음험한 행태가 모두 유시민과 나의 대화의 테마를 무기력하게 만드는 좌절감을 나의 붓에 선사하고 있다는 것이다. 현대사는 정말 쓰기 어렵다! 보편적 철학명제와 씨름할 것이지, 무엇 때문에 내가 이렇게 시시각각 변하는 세태의 광란 속에 몸을 던져 몸부림치고 있다는 말인가?

나는 내일(2019. 10. 17.) 뉴뮤직컴퍼니 주최의 "시월의 어느 멋진 음악회"에서 푸치니 토스카 중의 아리아, "별은 빛나건만"을 노래한다. 카바라도시라는 남주인공이 날이 밝으면 형장의 이슬로 사라질 것을 예견하면서 밤하늘의 유난히 밝은 별을 바라보면서 노래한다: **"나의 사랑의 꿈은 영원히 사라지고 말았어. 나의 마지막 순간마저 도망가버리는구나. 아~ 나는 절망 속에 죽는 거야! 절망 속에 죽는 거야! 지금 이 순간처럼 내가 이토록 삶을 사랑한 적이 있었던가! 이토록 삶을!"**

많은 사람들이 우리 역사의 진행에 관하여 절망감을 느끼고 있다. 허탈감을 모면치 못하고 있다. 나 역시 "절망 속에 죽는다"는 카바라도시의 절규를 나의 실존 한가운데서 노래하고 있다. 그러나 이러한 때일수록 우리는 절망에서 벗어나야 하고, 내가 유시민과 나누었던 테마들의 밝은 논리들을 줄기차게 밀고 나가야 한다. 우리의 진실이 반드시 승리한다는 신념을 가지고 이 순간 나는 나의 붓을 옮긴다.

"선생님, 카이로스가 희랍어인데 이 말은 성경에는 안 나타납니까?"

"좋은 질문 해주셨네요. 모든 복음서의 원형인 마가복음(최초로 쓰여진 복음서. 마태, 누가는 이 원형을 증보한 것이다. 따라서 마가에서 보이는 창조적 긴장감이 적게 나타난다)에 예수가 세례 요한에게 세례를 받은 후(세례 요한의 세례운동의 일원으로서 예수가 성장하였다는 의미) 바로 갈릴리로 돌아가 자신의 공생애를 시작할 때, 최초로 던진 사역의 메시지가 바로 이러한 말이었어요.

> '때가 찼다. 하나님 나라가 가까웠다. 회개하고 복음을 믿으라! καὶ λέγων ὅτι Πεπλήρωται ὁ καιρὸς καὶ ἤγγικεν ἡ βασιλεία τοῦ θεοῦ· μετανοεῖτε καὶ πιστεύετε ἐν τῷ εὐαγγελίῳ.'

여기 때라는 말이 나오죠, 때가 찼다(The time is fulfilled.)는 것은 우리말로 때가 무르익었다는 말이죠. 이때 '때'로 쓰인 단어가 바로 '카이로스'입니다. 절호의 챤스가 왔다는 의미죠. 그런데 그게 무슨 챤스냐?"

"하나님 나라가 가까웠다는 챤스이겠네요."

"그렇죠. 하여튼 정확한 문맥을 잘 짚으시네요. 그런데 진짜 문제는 가까이 온 것이 하나님 나라라면, 하나님 나라가 과연 무엇이냐는 것이죠. 하나님 나라가 뭐 핏기없는 새하얀 천사들로 가득찬 천당 같은 곳, 설렁탕 한 그릇, 냄새 나는 김치 한 조각 없는 그런 천당이라면 그것이 온다는 것이 뭔 기회냐는 것이죠.

예수는 분명 '천국의 선포자'였습니다. 하나님 나라를 지상의 운동으로 전개한 사람이었습니다. 그러나 '천국Kingdom of Heaven'(마태의 표현) 즉 '하나님 나라Kingdom of God'(마가의 표현)는 세속적 땅의 질서가 아닌, 하늘의 질서, 그러니까 아주 새로운 질서를 의미하는 말입니다. 여기 '나라'라는 표현에 쓰인 단어가 '바실레이아*basileia*'인데 이것은 국가라는 실체를 말한 것이 아니라, 그냥 '지배reign' '질서order,' '왕다운 권세royal power'를 의미하는 것입니다. 여태까지 우리가 경험하지 못했던 새로운 질서New Order가 임하였다. 새로운 질서, 새로운 세상이 곧 도래한다는 것이 '기쁜소식'이라는 것이죠. 이 기쁜소식을 예수(마가)는 복음이라 표현했어요. '유앙겔리온'인데 그것은 그냥 '굿 뉴스good news'라는 뜻이죠. 복된 소식이죠. 이 복된 소식은 반드시 회개하는 자에게만 들리게 되어있습니다. 그런데 '회개'라는 말은 완벽한 오역입니다. 그 원어는 '메타노이아*metanoia*'인데, 그냥 '생각(노이아)을 바꾸다(메타)'라는 뜻이죠.

마음을 바꿔라! 생각을 돌려라! 너의 존재를 변화시켜라! 그럼 복음이 들린다. 그럼 새로운 질서(=천국)가 도래한다. 이런 뜻입니다. 예수는 결코 인간을 죄인으로 규정한 적이 없습니다. 바울의 신학이 인간을 죄인으로 만든 것입니다. 예수는 세칭 죄인이라 여겨지는 사람들을 좋아하고 사랑했지, 회개시켜야 할 대상으로 생각하지 않았어요. 예수에게 회개라는 것은 의미 없는 말이었어요."

"참 충격적이군요. 저는 어려서부터 선생님처럼 기독교집안에서 크질 않았기 때문에 성경의 기본어휘들을 잘 몰라요. 그래서 그냥 상식적으로 규정되는 말들을 그냥 받아들였지요. 그런데 천국이라는 것은 실체가 아니라 어떤 새로운 사회질서를 의미하는 것이다. 이 절호의 챤스가 왔다. 이 카이로스를 잡아라! 그러기 위해서는 생각을 바꿀 필요가 있다. 왜 가까이 온 복음을 받아들이지 않는가? 이것이 바로 예수의 사상이라는 말씀이군요."

"예수는, 특히 역사적 예수Historical Jesus는 민중운동가였고 사회변혁가였지, 종교적 계율에 의한 하나님에게로의 굴종이나 신앙을 가르친 사람이 아니었어요. 그의 하나님은, 구약의 야훼가 아닌, 새로운 질서를 보증하는 존재였어요."

"자! 이제, 긴 얘기가 필요없겠군요. 수운이 말하는 개벽세상이나, 예수가 말하는 하나님 나라, 즉 천국이 곧 통일된 새로운 질서를 의미하는 것이다. 이 통일을 위하여 남·북을 막론하고 조선의 민중들이여, 생각을 바꾸어라! 이성의 간지를 이제 우리가 주체적으로 역이용하자! 절호의 카이로스다! 이 절체절명의 기회를 놓치지 말자! 이런 얘기를 해오신 거죠?"

"그렇습니다. 이제 통일에 관한 담론을 구성할 수 있는 기본적인 논리가 마련되었으니까 이제 보다 구체적으로 통일의 실천방안 같은 것을 이야기해야겠네요."

청춘의 새로운 이해

"그런데 선생님께서는 지금이 카이로스다, 절호의 챤스다, 기회가 왔다고 말씀하시고 계시지만, 우리 국민이 그러한 선생님의 현실진단과 당위적 호소를 절실한 것으로 받아들이지 않고 있다는 것이 가장 큰 문제이거든요. 특히 대한민국에서는 한국의 젊은이들이 통일에 대하여 부정적이다라는 담론이 팽배해 있습니다."

"너무도 적절한 지적이라고 생각됩니다만, (※갑자기 격앙된 목소리로) 한국의 젊은이들이 통일에 대해 부정적이다라는 소리는 한마디로 '개소리'입니다. 그것은 한국의 보수언론들이, 아니 진보적 언론이라고 해도 똑같아요, 언론이 만들어낸 개소립니다. 왜 그것이 개소리냐? 우선 정확한 통계도 있을 수 없는 것이고, 한번 말해봅시다. 여기 앉아있는 젊은이 누구라도 통일에 대해 부정적인 생각을 가지고 있다고 말할 수 있는 사람이 있나요?"

"선생님, 이 자리에 온 사람 정도면 물론 통일을 부정적으로 생각하는 사람은 없겠죠."

"그런 게 아니라, 내 말은(※아이쿠 답답해!) 통일에 대해 부정적인 것이 아니라 그냥 무관심할 수는 있어요. 무관심은, 왜 무관심하냐? 우선 그들에게 통일을 생각할 수 있는 아무런 건덕지, 가치 있는 역사의 실상을 가르치지 않은 거에요. 통일을 생각할 수 있는 아무런 실마리가 없는 거에요. 6·25가 뭔지, 반민특위가 뭔지, 김구가 왜 죽었는지, 5·16이 뭔지, 김재규가 뭔지… 도통 이런 언어들을 우리 세대는 직접 보고 직접 느꼈어요. 그리고 그러한 역사적 프로세스에 직·간접적으로 앙가쥬망하면서 당위성 같은 가치의 뼈대들을 키웠어요. 그런데 젊은 세대들은 통일을 생각할 수 있는 그 루츠roots의 실상이 그들의 혈관 속을 흐르지 않고 있잖아요? 이것도 당연한 리얼리티입니다. 그러나 이것은 '부정적'이라는 말과는 전혀 차원이 다른 얘기입니다.

둘째로는 그들에게 통일이 재미가 없을 수 있다는 것이죠. 손흥민이 골대 안에 공을 차넣는 것을 지켜보는 것은 재미가 있지만 통일을 염원하고 통일에 대해 토론하라고 하면 아무 재미가 없지요. 대학에 통일 관련 써클이 있다고 한들 그곳에 가서 얘기할 재미가 뭐가 있을 수 있나요? 왜 재미가 없겠습니까? 그 대답은 너무도 단순합니다. 역사가 통일의 방향으로 눈부시게 진보하고 있질 않기 때문입니다. 매일매일, 통일에 관한 새로운 소식이 전해진다면 재미가 있을 텐데, 매일매일 들려오는 소리는 차단, 봉쇄, 단절, 실패, 대결, 무진전… 이 따위 소리뿐이잖아요?

셋째로는 역사의 진행이 꾸준히 게마인샤프트Gemeinschaft적인 공동체 논리로부터 게젤샤프트Gesellschaft적인 개인중심·이권중심의 집합체로 이행해왔다는 사실을 전제로 할 때, 젊은이들의 무관심은 이해가 가는 논리라는 것이죠. 다시 말해서 통일은 기본적으로 공동체의 테마이지 개인의 테마가 아니라는 것입니다. 통일은 하루하루 자기의 생활 속에서 이권을 추구하는 개인의 입장에서는 별 흥미가 없을 수 있지요. 그리고 통일은 당위Sollen의 문제이지, 사실Sein의 문제가 아니잖아요? 그러니까 이러한 게젤샤프트(이권사회)적인 흐름 속에 있는 개인들에게서 통일담론이 점점 멀어져가고 있다는 얘기는, 신문기자들보다는 내가 먼저 하는 이야기지요."

"너무도 중요한 담론의 핵심포인트를 찔러주셨는데, 그러기에 더욱 통일논의가 점점 어려워지고 있는 것은 사실이지 않습니까?"

"어허! 이거 정말 미치겠는데, 어떻게 설명을 하면 좋을까요? 나는 한국의 젊은이들이 통일에 대해 부정적이라는 진단이 근원적으로 언론이 만들어낸 사기라는 것이에요. 무관심이라는 것은 순수한 것이에요. 무관심하기 때문에 쉽게 관심을 가질 수 있는 것입니다. 그들이 우리 과거 역사의 죄악에 물들지 않았다는 사실만으로도 이미 언론을 조작하고 있는 세대들보다 더 통일을 순결하게 생각하고 있다는 것이죠. 다시 말해서 언론을 장악하고 언론의 관점을 세우는 사람들은 거의 모두가 이념적 사유의 산물들입니다. 궁극적으로 반공이라는 이데올로기에 물들은 자본에 귀속되어 있는 것이죠. 그러니까 자신들의 이념적 판단을 젊은이들에게 뒤집어씌우는 것이죠. 그러나 젊은이들은 이념적으로 통일을 반대하지는 않아요. 실리적인 이유로 통일을 반대한다는 것은 소아병적 발상에 지나지 않아요. 통일을 우리가 원하는 것은 우리나라 경제의 침체를 막을 수 있는 근원적인 대안을 찾을 수 있기 때문입니다. 젊은이들을 실리적 측면에서 설득할 수 있는 자료는 무궁무진하죠.

청춘은 비극에 물들지 않은 생명입니다. 청춘의 가장 아름다운 결실은 직접 경험해보기도 전에 교훈을 얻을 줄 안다는 사실에 있습니다. 청춘은 비극을 모르기 때문에 배울 줄 아는 것이죠. 청춘의 특징은 빨리 웃고 빨리 운다는 것이죠. 감정의 기복이 심하죠. 그래서 또 비극에 빠져 들어가죠. 그러나 청춘은 비극의 체험 속에서도 아름다움을 추구합니다. 청춘은 아름다움의 호소에 민감합니다. 자기가 가장 아름답다고 하는 것을 발견했을 때 청춘은 자신을 망각할 줄 압니다. 헌신하는 것이죠. 그리고 궁극적으로 개인적 쾌락을 초월하는 평화의 비젼을 수용합니다. 순결한 젊음은 평화를 지향합니다. 아름다움을 모르고, 망아忘我를 모르고, 평화를 모르는 청춘은 청춘이 아닙니다. 나는 한국의 젊은이들의 문화는 썩어빠진 기성세대의 이념적으로 경직된 가치관 속에서 형량해서는 아니 된다고 생각합니다. 한국의 젊은이들은 근원적으로 통일을 지향하고 있습니다. 기성세대들의 교육방식, 인식방식이 잘못 되어 있을 따름입니다."

"선생님 말씀을 들으면 항상 심오하고 또 나 자신을 반성하게 되고, 또 뭔가 새로운 희망이 샘솟습니다. 그동안 문재인정부가 들어서고 나서부터 남북의 평화를 위한 많은 노력이 이루어졌음에도 불구하고 우리가 기대한 만큼 진도가 안 나가고 있다는 안타까움이 있습니다. 너무 질척거리고만 있어요."

"한번 생각해보세요. 오늘 남북문제가 질척거리는 가장 큰 이유는 북한의 핵문제 때문이고, 또 그를 핑계 삼아 만들어진 유엔대북제재결의안들 때문이죠. 오바마 이전의 부시, 부시 이전의 클린턴 대통령 시절로 되돌아가 봅시다. 미국의 최근 대통령 중에서 클린턴만큼, 대내정책도 훌륭했지만, 대외정책이 인류의 평화를 위한 기본노선을 충실히 이행하려고 노력한 미국의 지도자도 없었어요. 르윈스키문제는 미국의 상층보수세력을 조정하고 있는 유대인들의 입김이 들어갔다는 풍설도 있어요(클린턴은 팔레스타인문제도 적극적으로 평화롭게 풀려고 노력했다). 클린턴은 한국문제에 대해서도 매우 포괄적인 평화전략이 있었어요.

1993년 3월 북한이 핵확산금지조약(NPT)을 탈퇴하겠다고 위협하자, 클린턴 대통령은 공화당의 완강한 반대를 무릅쓰고 로버트 갈루치 Robert Galucci를 대표로 임명해 북한과 협상에 나섰습니다. 1994년 10월 미국은 북한과 제네바합의Geneva Agreed Framework를 맺습니다. 미국은 북한에 대해 핵개발동결대가로 1,000MW급 경수로 핵발전소 2기를 지어주고(한국·미국·일본이 같이 참여), 대체에너지로 연간 중유 50만t을 제공하기로 합의한 것입니다. 이에 대해 북한은 핵확산금지조약(NPT)으로 완전복귀와 모든 핵시설에 대한 국제원자력기구(IAEA)의 사찰허용, 핵활동의 전면동결 및 기존 핵시설의 궁극적인 해체를 약속하였습니다.

이러한 합의에 관한 북한의 태도는 매우 진지했고 그것을 실천할 의지가 있었습니다. 그런데 미국은 부시가 들어서고 9·11테러가 일어나자, 뜬금없이 북한을 악의 축an Axis of Evil으로 지정해버리고 기존의 합의를 파기해버립니다. 뿐만 아니라 이명박은 대통령이 된 지 얼마 안돼 관광객 아주머니 한 분이 출입금지구역에서 돌아가신 아주 개체적 차원의 사건을 빌미삼아 순식간에 금강산관광사업 전체를 백지화해버립니다. 그것은 햇볕정책, 정주영 회장의 1001마리 소몰이방북을 계기로 어렵게 쌓아올린 소통과 이해의 공든 탑을 송두리째 무너뜨리는 우행의 극치였습니다. 그리고 아직까지도 그 정확한 진상이 규명되지도 않은 천안함침몰사건(2010. 3. 26)을 빌미로 5·24대북제재조치(남북교역 중단, 국민의 방북불허, 대북투자 금지, 대북지원사업 보류)를 발표합니다. 그리고 박근혜 대통령은 북한의 4차 핵실험과 광명성 인공위성발사에 대한 대응조치로 무조건 개성공단폐쇄를 명령했습니다. 명백한 위헌행위라고 많은 정치인들이 항의했지만, 하여튼 최후에 꺼내도 될, 아니 꺼내서는 아니 되는 카드를 사태의 진전에 앞서 먼저 꺼내버렸다는 것은 명백한 사실이죠. 박근혜는 파면되었어도 개성공단의 복구는 지난한 과제로, 역사퇴행의 블랙홀로 남아있습니다.

결론적으로 말씀드리자면 1995년의 경수로사업만 서방세계가 확고하게 밀어주었더라면 북한은 결코 오늘날의 핵 빌드업의 험로를 택하지 않았을 것입니다. 트집을 잡기 전에 확고하게 밀어주고, 신념을 주고, 그 결과물에 따라 북한인민의 삶을 본질적으로 개선시키는 그러한 아량과 여유가 우리에게 부족했습니다.

남북간의 문제를 우리는 우리 언론의 왜곡보도에 따라 무조건 북한이 약속을 어기고 있는 듯이 보도하고 세뇌하지만, 전체적으로 보면 우리 쪽도 신의를 버렸고 약속을 지키지 않았고, 상대방을 궁지로 몬 측면이 있다는 사실을 직시하지 않을 수 없습니다. 그러나 남·북한의 입장의 차이를 논하기 전에 남북이 모두 우리 자신의 문제에 있어서 주체적 역량을 확대할 기회를 놓치고, 우리의 가능한 리더십과 이니시어티브를 외세에게 양도해버리는 어리석은 행동을 꾸준히 축적해왔다고 나는 말하고 싶습니다. 그러니까 현재의 카이로스는, 위대한 기회임에는 틀림이 없지만 우리에게 불리하고 사태해결을 어렵게 만드는 국제환경을 우리 스스로 만들어왔다는 불행한 상황이 이 기회를 휘덮고 있다는 사실 또한 같이 직시해야 한다고 나는 생각합니다."

"카이로스는 카이로스이지만, 진척을 어렵게 만드는 상황을 우리 스스로 만들어왔다! 이 기회는 참으로 난제의 기회이군요!"

"그러니까 절대정신에게 간지를 발휘하기에 큰 부담을 안겨주는 난관이지요."

"그렇다면 이럴 때일수록 대난관을 극복할 수 있는 묘수가 필요할 텐데, 지금 마침 이 자리에, 트럼프, 김정은, 문재인 세 분이 방청객으로 앉아있다고 생각하시고 그 분들에게 새로운 질서의 도래를 위해 어떻게 메타노이아를 할 것인가? 어떻게 생각을 바꿔야 할까, 한 말씀씩 임팩트 있게 해주시죠."

한국인이 트럼프에게 충고한다

"트럼프부터 시작할까요?"

"아무래도 큰 나라니까 먼저 대접을 해드려야겠지요."

"우선 한국인들이 트럼프를 바라보는 시각의 역사성부터 얘기해야 할 것 같아요. 이 대담을 마련한 주최가 바로 노무현재단인데, 노무현이라는 분은 우리나라 정치사에 기존의 가치체계로 볼 때는 매우 이질적이면서도 가장 민중과 밀착되어 있는, 그러면서도 민주적 가치에 가장 충실한 독특한 상像을 남겨놓으신 분이죠. 그런데 남북문제에 관해서는 임기초기부터 본격적으로 올인할 생각이 없으셨어요. 민주적 가치에 너무 투철하셨기 때문에 북한이라는 사회행태에 대해서 이질감을 많이 느끼셨던 것 같아요.

노무현 대통령 취임 50일기념 대담. 2003년 4월 14일

한국사회, 한국정치를 어떻게 진정한 민주의 트랙 위에 올려놓느냐에 아주 골몰한 분이죠. 그래서 남북문제는 임기 말기에나 성과를 올렸지만, 곧 이명박이라는 사람이 등장하면서 남북관계는 터무니없는 단절과 두절의 구렁텅이로 빠져들었죠. 아무 쓸짝 없는 4대강에다가는 몇십 조를 퍼부으면서, 북한과는 땡전 한 푼의 가치 있는 교류도 하지 않으려는 자세였죠. 기민당, 사민당의 정권변화와 무관하게 일관되게 동방정책*Ostpolitik*을 추진한 독일국민의 예지와는 너무도 다른 양상이었죠. 그리고 이명박정권을 계승한 박근혜는 한마디로 정치에 대한 감感이 없었어요. 정치를 하기 위해 대통령자리에 오른 사람 같질 않아요. 남북관계는 터무니없이 경색되어 갔어요. 그러던 중에 우리 국민의식이 와전되고 왜곡되었습니다. 또다시 반공, 분단, 두절이 상식인 것인 양 되었죠. 상식이 되어서는 아니 될 것이 상식이 되었죠.

이러한 비상식의 극한에서 촛불혁명이 발발했고, 그 혁명의 힘으로 문재인이 정치무대에 등장했습니다. 이 시기에 미국에는 트럼프라는 새로운 함수가 등장했습니다. 트럼프라는 사람의 이단성, 이질성, 예측을 불허하는 언행방식은 불안감을 던져주기는 해도, 미국의 전통적·고압적·선민의식적·제국주의적 행태에 신물이 난 우리 민중, 그리고 깨인 지성인들은 그나마 트럼프라는 이단성이 한국역사에 새로운 활력을 불어넣어줄 수 있다고 생각했습니다.

왜냐하면 오바마라는 진보주의적 이념의 대통령이 오히려 동아시아문제에 있어서는 전략적 인내라는 명분 아래, 그냥 무시하고 아무것도 안하고 넘어갔어요. 내버려두면 스스로 망한다는 식의 판단은 북한의 경우 통하질 않아요. 그런데 비하면 트럼프는 한국문제를 세계사의 주요 과제상황으로 인식하는 듯이 보였어요. 그래서 우리는 트럼프가 한국문제를 잘 핸들해서 동아시아의 새로운 판을 짜면 그는 정말 노벨평화상도 받을 수 있을 것이고, 한국문제의 신기원a new epoch을 이룩함으로써 미국의 지식상층부의 사람들까지도 자기의 세력권으로 끌어들일 수 있는 새로운 정치리더십을 발휘할 수 있을 것이라고 생각했어요. 나만 해도 트럼프 당선 이후 모든 사람들이 그냥 어이가 없어 경악하고 있을 때, 김어준 프로 같은 데서 트럼프에 대한 매우 긍정적인 소견을 피력하곤 했어요. 그런데 어떻습니까? 트럼프는 우리의 이러한 기대를 계속 저버렸습니다.

그가 노리는 것은 조선대륙의 항구적인 평화가 아니라 오직 북한의 비핵화denuclearization, 다시 말해서 무조건적으로 북한을 무기력하게 만드는 정책이라는 것이죠. 본질적으로 북한을 평화의 장으로, 세계공민들의 교섭의 장으로 끌어내는 것이 아니라, 북한을 압박하기만 하고, 또 그 과정에서 남한의 방위비분담금만 터무니없이 올리고, 사드배치 강화 등으로 대중국 방어체계의 긴장감을 제고시키면서 무기만 와장창 팔아먹으려는 전략, 그런 아주 싸구려 장사꾼전략이 점점 노출되어 왔다는 것이죠. 사실 우리는 트럼프의 재선을 놓고, 그 전에 한국카드를 유용하게 활용할 수 있을 것이라고 생각했는데, 그래서 트럼프의 재선 전에 본질적인 평화전략이 나올 수도 있으리라고 생각했는데, 그러한 기대가 무산되는 상황이라면 이미 트럼프라는 카드를 우리가 붙들고 있을 필요가 없게 되는 것이죠. 결국 트럼프도 오바마와 동일한, 아니 오바마보다도 훨씬 못한(오바마는 그래도 이란문제라도 성실하게 풀었다), 개무시작전으로 한국잇슈를 끝내고 마는 것이죠. 나는 말합니다: '이보시오! 트럼프! 비핵을 앞세우지 말고 평화를 앞세우시오. 평화의 비젼에 관한 합의가 이루어지면 비핵화는 저절로 이루어집니다. 클린턴시대의 의젓하고 여유 있었던 미국행정부의 발상을 한 번만 되씹어보시오.

트럼프! 한국처럼 미국의 말을 고분고분 듣는 나라가 도대체 이 지구상에 어디 있소? 대보시오! 한국인처럼 미국인이라면 상전 모시듯이 모시는 민족이 도대체 어디 있느냐 이 말이오. 이게 다 미국에서 교육받은 이승만이 길들여놓은 비정상적인 문화 바탕 위에서 가능한 것이지만 이제 이런 굴종의 시대는 지나가고 있소. 더 이상 미국의 불합리한 지배 아래서 사는 사람들이 아니오. 우리에게도 자존과 자율과 자신이 있소. 당신은 말을 항상 조심하시오. 이제는 미국의 대통령답게 행동하시오. 초기의 망나니 스타일은 이제 통하지 않소. 경제적 이득을 취하고 싶걸랑, 그만큼 상대방을 도덕적으로 대해야 한다는 것을 명심하시오. 도덕이 결국 더 큰 돈을 법니다.'"

"아~ 좋습니다. 우리도 이제 미국의 대통령에게라도 해야 할 말은 당당하게 해야겠구나 하는, 민족적 각성을 불러일으키는 좋은 말씀이었습니다. 이제 김정은에게 한 말씀 해주시죠."

김정은에게 충고한다

"김정은이라고 그냥 얘기해도 됩니까? 지고의 존재라는데 국무위원장이라는 호칭을 반드시 붙여야 하나요?"

"우리 알릴레오를 백악관에서 모니터링할 것 같지는 않은데, 북측 통전부의 동무들은 제가 하는 방송을 반드시 모니터링한대요. 그런데 선생님도 우리 사회의 지존이신데 뭐 편하게 말씀하셔도 다 이해를 하겠죠. 우리 사회의 상식을 전제로 해서 이해하겠죠. 언어의 형식이 중요한 것이 아니죠. 선생님께서는 동포에 대한 깊은 사랑이 있으시잖아요."

"그럼 편하게 말하죠. 나는 김정은에게 정말 하고픈 말이 많아요. 나는 그의 아버지 김정일 통치기간에도 남북의 문제가 너무 교착상태로 빠져들어 가는 것 같아 김정일 위원장과의 면담을 여러 루트를 통해 시도한 적도 있어요. 물론 통일부의 허가를 얻어야 하는 것이죠. 그런데 그 모든 것이 참 어렵더라구요. 김정일 위원장은 제가 만든 EBS 해방 60주년특집 다큐멘타리 『도올이 본 한국독립운동사 10부작』을 직접 봤다고 해요(2005년 8월에 방영됨. 제9부 '올기강은 흐른다'는 김일성의 일생을 다큐로 만든 것인데 대한민국에서 김일성의 삶에 대한 사실적 기록이 방영된 것은 초유의 사건이었다).

백두산 올기강

그런데 김정은은 남북문제에 관한 역사적 지식이 충분하지 않을 수도 있고, 또 아직 자기의 의지대로 움직일 수 있는 세력판도가 김정일보다 제약적일 수 있어요. 그만큼 김정일은 자기 카리스마를 가지고 주체적으로 결정할 수 있었는데 반하여, 김정은은 아직도 조직의 눈치를 봐야 하는 입장일 수도 있다는 것이죠. 문재인이 김정일과 대담을 했다고 한다면, 보다 깊이 있고 보다 구체적인 결실이 있었을지도 몰라요. 그러나 하여튼 김정은은 예상 밖으로 안정적으로 국정을 운영하고 있고, 또 확고한 자기의 카리스마를 키워가고 있습니다.

우선 남·북문제에 관해서는 북한에서 볼 때 남한의 행태를 이해하기 어려운 것입니다. 북한은 일사불란한 국가의 비젼이나 리더십 아래 질서있게 움직여가는데, 남한은 매우 어지럽거든요. 그리고 남한에서 하는 행태가 너무 비주체적이고, 자신없고, 굴종적으로 보일 수가 있거든요.

사실 동·서독통일의 상황과 우리나라를 비교해보면 가장 큰 차이가 하나 있어요. 독일이 2차세계대전이 종료된 후에 미국·영국·프랑스와 소련에 의하여 분할점령된 것은 우리나라의 38선이남·이북의 분할점령과 동일한 성격의 것이었지만, 동·서독은 최소한 동족상잔의 대규모 전쟁을 양 진영이 치른 적은 없었습니다. 우리나라의 좌·우이념대립은 공산주의이념과 자유민주주의이념의 대립이라기보다는 6·25전쟁을 치르면서 국군·미군 대 인민군·중공군의 싸움에서 발생한 감정적 원한이 더 중요한 인소로 작용했습니다. 그러니까 남한사람들의 북한사람들에 대한 맹목적인 증오심, 소위 우파라 하는 사람들의 대북증오심의 뿌리에는 전쟁의 상처가 깊게 자리잡고 있습니다.

그리고 이런 말은 이 시점에서 내가 해서 좋은 말은 아니지만 6·25전쟁의 발발원인은, 양쪽이 똑같이 책임이 있지만, 아무래도 북한의 김일성·박헌영이 주동적으로 전쟁을 일으켰다고 하는 전후맥락은 1950년의 사태추이에 관한 소련·중공 공식문헌에 의해 확인이 되는 것입니다.

내가 '똑같이 책임이 있다'고 하는 것은 결국 전쟁 전이나 후나 분단이라는 비극적 상황은 변화가 없다고 하는 것이고, 그것은 전쟁이 너무도 무의미한 손실이었다고 말할 수 있기 때문입니다. 그것은 잘잘못을 따질 문제가 아니라, 공동의 과실로서 반성하고 초극해야 할 과제일 뿐이라는 것입니다. 그런데 우리에게는 전쟁의 상흔 그 자체가 이념화되었고 또 유전적으로 계승되었습니다.

그러니까 북한은 과도하게 주체적이고 남한은 과도하게 비굴합니다. 앞서도 말했지만 소련의 페레스트로이카*perestroika*(재편) 이후 소연방이 해체되고 동구권이 몰락하기 이전까지만 해도 북한의 경제는 탄탄했습니다. 그 이후 교역의 문제, 자연재해, 식량난 등 여러 문제가 생기면서 위기를 맞이하죠. 그리고 김일성 주석의 사망 이후 북한의 경제는 최악의 고난의 행군을 했어야만 했습니다. 그러나 북한은 여러 가지 루트를 통해 써바이벌의 지혜를 발휘했습니다. 북한은 냉전 이후 구축된 사회주의독재국가 중에서 내부분열에 의해 붕괴되지 않고 아직도 건재하는 거의 유일한 나라라고 말할 수 있습니다. 그만큼 어떤 결속력이 아직도 있는 나라라는 뜻이죠.

자아~ 내가 김정은에게 말하고 싶은 것은 이런 것이죠. 김정은은 문재인을 너무 쉽게 생각할 수 있다는 것이죠. 김정은의 입장에서 문재인이

섭섭하게 보일 수도 있고, 미지근하게 보일 수도 있고, 이중적으로 보일 수도 있어요. 뭔가 화끈하게 밀고 나가지 못하는 것처럼 보이겠지요. 그러나 문재인은 최악의 환경에서 최선의 노력을 경주하고 있는 것입니다. 김정은은 반드시 알아야 합니다. 문재인은 취임당시부터 남·북 문제를 모든 정책의 프라이오리티로 삼은 거의 유일한 대통령이라는 것을 알아야 합니다. 사실 문재인 당선자가 청와대로 들어가기 전에 나와 저녁식사를 한 적이 있는데, 그때에도 나는 그에게 남북화해가 국가정책의 우선순위를 점해야 한다는 것을 강력히 얘기했습니다. 그리고 그는 그러한 문제에 관해 비상한 각오를 보였습니다. 다시 말해서 김정은은 문재인과 같이 순결한 인물, 북한인민을 동포애를 가지고 포용할 수 있는 순수한 마음을 지닌 대통령을 두 번 다시 만날 수 없다는 것을 알아야 합니다. 문재인은 항상 있는 것이 아닙니다(이때 청중들의 박수가 터졌다). 당신은 북한에서 권좌를 계속 유지할 수 있겠지만 문재인에게는 시한이 있습니다. 그리고 경제규모가 크다 보니깐 국제적으로 눈치 봐야 할 것도 많고, 미국의 압력을 매우 쉽게 받습니다. 우방들과의 우호관계가 신경 쓸 것이 많은 것이죠.

그리고 내부적으로 야당에게 시달리고, 언론에게 시달리고, 입법부와 사법부에게 시달립니다. 이러한 정황에서 김정은 당신이 문재인을 화끈하지 못하다고 압박하기만 한다면 당신은 통일이라는 과제를 역사로부터 소외시킴으로써 역사에 대죄를 짓게 될 뿐만 아니라, 궁극적으로 자신의 파멸까지 초래할 수도 있습니다. 북한지도부가 남한에 대하여 어떠한 장기적 청사진을 그리고 있는지는 모르지만, 문재인정부의 자세야말로 북한역사에 절호의 기회를 가져다준다는 것을 깊게 통찰하고, 그러한 정책노선이 계속 유지될 수 있도록 보조를 맞춰가는 자세가 필요합니다. 김정은 위원장! 문재인은 다시 안 와요!(청중들 웃음)."

"2007년 10월 노무현과 김정일 사이에서 합의된 <남북관계 발전과 평화번영을 위한 선언>(보통 10·4선언이라고 약칭)을 읽어보셨지요? 불과 10여 년 전만 해도 그렇게 구체적인 얘기가 오갔는데 지금 우리는 너무도 경직된 환경 속에서 살고있는 것 같아요."

"많은 사람들이 박정희를 군사독재자로서 기억하지만, 그 사람만 해도 벌써 1972년 7·4남북공동성명에서 '자주·평화·민족대단결'이라는 조국통일 3대원칙을 제시했습니다. 그리고 북방정책에 적극적이었던 노태우 대통령은 1991년 12월 11일, <남북 사이의 화해와 불가침 및 교류·협력에 관한 합의서>(약칭: 남북한기본합의서)를 발표합니다. 그 제1조에 '남과 북은 서로 상대방의 체제를 인정하고 존중한다'라고 했고, 제2조에는 '남과 북은 상대방의 내부문제에 간섭하지 아니한다'라고 했고, 제6조에 보면 '남과 북은 국제무대에서 대결과 경쟁을 중지하고 서로 협력하며 민족의 존엄과 이익을 위하여 공동으로 노력한다'라고 되어있어요. 나는 마지막의 민족의 존엄과 이익을 위하여 공동으로 노력한다는 말이 너무도 가슴에 와닿아요. 언어가 정말 노블해요.

그리고 2000년 6월에는 김대중 대통령과 김정일 위원장 사이에서 <6·15공동선언문>이 발표됩니다. 그 선언문 안에 '남과 북은 남측의 연합제안과 북측의 낮은 단계의 연방제안이 서로 공통성이 있다고 인정한다'라는 구절이 들어있습니다. 우리 민족은 박정희 대통령 시기로부터, 그러니까 1970년 초부터 줄기차게 통일을 염원하면서 한 발자국 한 발자국 나아갔습니다. 점잖고 구체적인 언어를 교환해가면서 통일의

상을 그려왔습니다. 그러니까 통일을 향한 염원은 하루아침의 정치적 계산에 의한 것이 아닙니다.

10·4선언

노무현·김정일 사이에서 이루어진 <10·4선언>은 그 이전의 것과는 성격이 사뭇 다른 것이고 매우 구체적인 세부조항을 제시하고 있으므로 꼭 한번 독자들이 읽어보실 만한 내용입니다.

대한민국 노무현 대통령과 조선민주주의인민공화국 김정일 국방위원장 사이의 합의에 따라 노무현 대통령이 2007년 10월 2일부터 4일까지 평양을 방문하였다.

방문기간 중 역사적인 상봉과 회담들이 있었다.

상봉과 회담에서는 6.15 공동선언의 정신을 재확인하고 남북관계발전과 한반도 평화, 민족공동의 번영과 통일을 실현하는데 따른 제반 문제들을 허심탄회하게 협의하였다.

쌍방은 우리민족끼리 뜻과 힘을 합치면 민족번영의 시대, 자주통일의 새시대를 열어 나갈수 있다는 확신을 표명하면서 6.15 공동선언에 기초하여 남북관계를 확대·발전시켜 나가기 위하여 다음과 같이 선언한다.

1. 남과 북은 6.15 공동선언을 고수하고 적극 구현해 나간다.

남과 북은 우리민족끼리 정신에 따라 통일문제를 자주적으로 해결해 나가며 민족의 존엄과 이익을 중시하고 모든 것을 이에 지향시켜 나가기로 하였다.

남과 북은 6.15 공동선언을 변함없이 이행해 나가려는 의지를 반영하여 6월 15일을 기념하는 방안을 강구하기로 하였다.

2. 남과 북은 사상과 제도의 차이를 초월하여 남북관계를 상호 존중과 신뢰 관계로 확고히 전환시켜 나가기로 하였다.

남과 북은 내부문제에 간섭하지 않으며 남북관계 문제들을 화해와 협력, 통일에 부합되게 해결해 나가기로 하였다.

남과 북은 남북관계를 통일 지향적으로 발전시켜 나가기 위하여 각기 법률적·제도적 장치들을 정비해 나가기로 하였다.

남과 북은 남북관계 확대와 발전을 위한 문제들을 민족의 염원에 맞게 해결하기 위해 양측 의회 등 각 분야의 대화와 접촉을 적극 추진해 나가기로 하였다.

3. 남과 북은 군사적 적대관계를 종식시키고 한반도에서 긴장 완화와 평화를 보장하기 위해 긴밀히 협력하기로 하였다.

남과 북은 서로 적대시하지 않고 군사적 긴장을 완화하며 분쟁문제들을 대화와 협상을 통하여 해결하기로 하였다.
남과 북은 한반도에서 어떤 전쟁도 반대하며 불가침의무를 확고히 준수하기로 하였다.

남과 북은 서해에서의 우발적 충돌방지를 위해 공동어로수역을 지정하고 이 수역을 평화수역으로 만들기 위한 방안과 각종 협력사업에 대한 군사적 보장조치 문제 등 군사적 신뢰구축조치를 협의하기 위하여 남측 국방부 장관과 북측 인민무력부 부장간 회담을 금년 11월중에 평양에서 개최하기로 하였다.

4. 남과 북은 현 정전체제를 종식시키고 항구적인 평화체제를 구축해 나가야 한다는데 인식을 같이하고 직접 관련된 3자 또는 4자 정상들이 한반도지역에서 만나 종전을 선언하는 문제를 추진하기 위해 협력해 나가기로 하였다.

남과 북은 한반도 핵문제 해결을 위해 6자회담 「9.19 공동성명」과 「2.13 합의」가 순조롭게 이행되도록 공동으로 노력하기로 하였다.

5. 남과 북은 민족경제의 균형적 발전과 공동의 번영을 위해 경제협력사업을 공리공영과 유무상통의 원칙에서 적극 활성화하고 지속적으로 확대 발전시켜 나가기로 하였다.

남과 북은 경제협력을 위한 투자를 장려하고 기반시설 확충과 자원개발을 적극 추진하며 민족내부협력사업의 특수성에 맞게 각종 우대조건과 특혜를 우선적으로 부여하기로 하였다.

남과 북은 해주지역과 주변해역을 포괄하는 〈서해평화협력특별지대〉를 설치하고 공동어로구역과 평화수역 설정, 경제

특구건설과 해주항 활용, 민간선박의 해주직항로 통과, 한강 하구 공동이용 등을 적극 추진해 나가기로 하였다.

남과 북은 개성공업지구 1단계 건설을 빠른 시일 안에 완공하고 2단계 개발에 착수하며 문산-봉동간 철도화물수송을 시작하고, 통행·통신·통관 문제를 비롯한 제반 제도적 보장조치들을 조속히 완비해 나가기로 하였다.

남과 북은 개성-신의주 철도와 개성-평양 고속도로를 공동으로 이용하기 위해 개보수 문제를 협의·추진해 가기로 하였다.

남과 북은 안변과 남포에 조선협력단지를 건설하며 농업, 보건의료, 환경보호 등 여러 분야에서의 협력사업을 진행해 나가기로 하였다.

남과 북은 남북 경제협력사업의 원활한 추진을 위해 현재의 〈남북경제협력추진위원회〉를 부총리급 〈남북경제협력공동위원회〉로 격상하기로 하였다.

6. 남과 북은 민족의 유구한 역사와 우수한 문화를 빛내기 위해 역사, 언어, 교육, 과학기술, 문화예술, 체육 등 사회문화 분야의 교류와 협력을 발전시켜 나가기로 하였다.

남과 북은 백두산관광을 실시하며 이를 위해 백두산-서울 직항로를 개설하기로 하였다.

남과 북은 2008년 북경 올림픽경기대회에 남북응원단이 경의선 열차를 처음으로 이용하여 참가하기로 하였다.

7. 남과 북은 인도주의 협력사업을 적극 추진해 나가기로 하였다.

남과 북은 흩어진 가족과 친척들의 상봉을 확대하며 영상 편지 교환사업을 추진하기로 하였다.

이를 위해 금강산면회소가 완공되는데 따라 쌍방 대표를 상주시키고 흩어진 가족과 친척의 상봉을 상시적으로 진행하기로 하였다.

남과 북은 자연재해를 비롯하여 재난이 발생하는 경우 동포애와 인도주의, 상부상조의 원칙에 따라 적극 협력해 나가기로 하였다.

8. 남과 북은 국제무대에서 민족의 이익과 해외 동포들의 권리와 이익을 위한 협력을 강화해 나가기로 하였다.

※ 남과 북은 이 선언의 이행을 위하여 남북총리회담을 개최하기로 하고, 제 1차 회의를 금년 11월중 서울에서 갖기로 하였다.

※ 남과 북은 남북관계 발전을 위해 정상들이 수시로 만나 현안 문제들을 협의하기로 하였다.

2007년 10월 4일 평 양

대한민국 대통령	조선민주주의인민공화국 국방위원장
노 무 현	김 정 일

2007년 10월 2일, 4·25문화회관 앞 광장에서 우리 방문단과 상견례하는 자리에서 내가 어렵게 찍은 사진이다.

박정희 대통령 때부터 김대중 대통령 때까지의 선언문이 케리그마 κήρυγμα, 즉 선포양식이라고 한다면 10·4선언은 구체적인 실천방안, 행동강령이라고 해야 맞죠. 나는 10·4선언을 남북문제의 『반야심경』이라고 말하고 싶어요. '심경心經'이라는 것이 마음의 경전이라는 뜻이 아니고, '흐리다야 쑤뜨람hṛdaya-sūtram'이라는 말인데, 이때 '심'은 그냥 핵심의 뜻이죠. 그러니까 방대한 반야경전의 핵심을 써놓은 경전이라는 뜻이죠. 남북문제의 핵심이 다 이 10·4선언에 들어있어요. 거기 보면 '남과 북은 2008년 북경올림픽경기대회에 남북응원단이 경의선 열차를 처음으로 이용하여 참가하기로 하였다'는 식의 조항이 나오는데, 그런 것이 실행에 옮겨졌더라면 얼마나 아름다운 광경이었겠습니까? 내 말은 2007년까지만 해도 우리 스스로 합의에 의하여 할 수 있는 일들의 레버리지가 엄청 넓었다는 얘기죠. 그런데 그것이 다 휴지쪽이 되어버리고, 텅 빈 김일성경기장 월드컵예선의 싸늘한 광경으로 발전했다는 것이 얼마나 쓰라린 일인지 모르겠습니다."(※집필시기로 시점을 이동시킴)

문재인에게 충고한다

"우리 스스로 역사를 후퇴시켜 온 것이죠. 자아~ 문재인 대통령에게도 한 말씀해주시죠."

"민주라는 것은 방종이 아닙니다. 민주라는 것은 성숙한 시민들 사이에서 이루어지는 성숙한 게임입니다. 민주의 가치를 고수하는 사람들은 말 한마디 행동 하나를 해도 세심하게 방어적으로 하는데 반하여 보수를 자처하는 사람들은 마구 아무렇게나 막말을 해대는 사회, 그러한 사회를 방종하는 것이 민주는 아닐 것입니다.

그리고 정치라는 것은 마키아벨리Niccolo di Bernardo dei Machiavelli, 1469~1527(이탈리아의 정치가, 철학자, 시인. 근대 정치학의 개조로 불린다)가 말했듯이 행위의 결과로서 평가되는 것이지, 그 행위의 과정이 얼마나 도덕적이냐에 따라 평가되는 것이 아닙니다. 그러나 노무현이라는 사람은 독재의 폐해를 너무도 뼈저리게 느낀 사람이고, 민주는 그 동기로부터 과정이 철저히 도덕적이어야만 한다는 생각을 가지고 있었습니다. 그 신념에 따라 그는 끝까지 소신있게 행동했습니다. 그런데 문재인은 다른 시대에, 다른 문제의식을 가지고 정치를 해야할 사람인데, 인격구조나 이상의 기준이 너무 노무현을 따르는 것에 치중되어 있다는 생각이 듭니다. 내가 말을 막 하기 시작하면 너무 크리티컬 코멘트가 쏟아져나올 것 같아 이쯤에서 입을 다물겠습니다."

“남북문제에 관해서 문재인 대통령이 할 일은 아직 말씀하지 않으셨는데요?”

“사실은 지금 내가 그의 국내정치에 관해 한 얘기나 같은 철학적 맥락에서 이야기되는 것입니다. 지금 남북문제·국제정치에 있어서도 문재인은 모든 상황의 밸런싱을 중시하면서 신중하게만 처신하는 수준에 머무른다면 그의 치세는 플러스 마이너스 제로의 수준에 머물고 만다는 것입니다. 문재인은 정치가로서 항상 세계사의 프론티어에서 한 발자국, 아니 반 발자국이라도 앞서 나아가야 합니다(이때 청중이 감탄의 동의를 표하는 표정들이 역력했다. 한국의 민중은 뭔가 너무 답답한 것이다). 그것은 물론 리스크가 되겠지요. 그러나 리스크가 없이는 돌파는 불가능합니다. 돌파라는 것은 여태까지 감행해보지 않았던 것들을 시도하는 것이죠. 지소미아GSOMIA(한일군사정보보호협정)의 문제도 한 예이겠지요.

2003년 6월 30일 개성공업지구(개성공단) 건설 착공식. 이때만 해도 우리는 희망에 부풀어 있었고 투자자들에게 정치적 이유로 이곳에 문제가 발생되는 일은 절대 있을 수 없다고 공약했다. 오른쪽 끝이 필자.

개성공단이나 금강산관광 같은 것도 전체 남북문제로 보면 마이너하게 보일 수도 있겠지만, 그것은 새로운 것을 만드는 것이 아니라 기존의 있는 것을 회복하는 것일 뿐만 아니라, 국민들에게 어떤 성취감이나 변화의 분위기를 감지하게 만드는 매우 효율적인 장치인데 그런 모든 문제가 진전 없이 냉랭하게 갇혀있고, 미국말만 고분고분 듣고 있으면서 한미합동군사훈련만 열심히 하고 있다면 도대체 뭐가 달라진 것입니까? 빈 축구장도 그러한 현실에 대한 극적인 프로테스트가 아니겠습니까?"

"이제 문재인 대통령에게는 그 정도 해두시죠."

"마지막으로 한 말씀만 더 드리자면 내가 아무리 그에 대하여 크리티컬한 코멘트를 늘어놓아도 명백한 것은 문재인의 진심, 성실함, 정의감, 민주적 가치에 대한 도덕적 의무, 상식적 판단력은 역대 대통령 중에서 가장 높은 점수를 딸 것이라는 사실입니다. 훌륭한 인격자를 나무 위에다가 대통령으로 올려놓고 밑에서 떨어지라고 흔들어본들, 그것은 대통령이 떨어지는 것이 아니라 나라꼴이 영락하고 마는 것입니다. 문재인 같은 사람을 잘 보좌해서 국난을 뚫고 나가야 할 국가의 위기상황에서, 문재인이 착하다고 해서 마구 짓밟는 짓을 하는 자기과시욕에 사로잡힌 인간들에게 나는 경고합니다. 그대들은 준엄한 역사의 심판을 받게 될 것이라고. 국민들은 이럴 때일수록 한마음으로 뭉쳐 우리 민족의 거국적인 역량을 과시해야 하는 것입니다. 서초동에 모인 수백만의 민중의 마음은 조국문제 때문에 모인 것이 아닙니다. 그들은 나라를 걱정하고 있는 것입니다. 그리고 문재인 대통령에 대한 사랑을 표시하고 있는 것입니다.

마지막으로 한 말씀 드리자면 1954년 9월 23일, 이승만정권 하에서 제

마음대로 가볼 수 있었던 금강산 구룡폭포. 아홉 개의 폭포가 연이어 있어 아홉 마리 용을 상징한다. 아름답기 그지없다. 지금도 잘 있겠지. 2004년 8월 5일 촬영.

정공포된 형사소송법은, 당시 여러 가지 미비한 국가적 상황 속에서 임시적으로 방편적으로 만들어진 것이며, 대정大正 연간에 만들어진 일본의 구 형사소송법에 뿌리를 둔 것입니다. 이 법이 바로 형사소송에 관하여 검찰에게 전권을 부여한, 인류사상 유례가 없는 기형적 법입니다. 허지만 그때는 그 나름대로 시대적 요청이 있었습니다. 그러나 시대가 변했습니다. 검찰총장이 대통령의 우위에 서서 정치적 행위를 감행하는 그런 국가의 모습을 국민은 원하지 않을 것 같습니다. 현행 형사소송법에 대한 합리적 검토가 필요합니다. 우리나라 검찰계의 사람들도 다 훌륭한 엘리트인데 국가의 보편적 가치에 관해 정의로운 판단을 내리리라 믿습니다."

"매우 핵심적인 이야기를 해주셨는데, 국민들은 집회를 하더라도 그 핵심을 알고 집회를 해야겠지요. 자~ 이 정도 말씀이면 너무도 충분합니다. 우리나라는 유라시아대륙의 동쪽 끝에서 태평양을 바라보고 있고, 지정학적으로 중국·러시아·일본·미국과 같은 세계최강국들의 이해가 직접적으로 걸릴 수밖에 없는 오묘한 위치를 점하고 있습니다. 그런 오묘한 위치 덕분에 세계사가 격변하는 시기에는 항상 손을 많이 탔어요. 이 놈이 쳐들어오고 저 놈이 쳐들어오고! 구한말 시기에 그런 열강각축의 시기가 있었고, 또 일제강점이 끝난 이후에 미·소의 각축시기가 있었고, 또 선생님 말씀대로 트루먼 독트린 이후에 냉전질서가 고착되면서 6·25전쟁이 일어났고 한국은 미국의 식민지 비슷한 상태로 들어갔습니다.

미중신냉전

그런데 또 그러한 냉전질서가 깨지면서 새로운 미중신냉전시기가 도래했다는 말까지 나오고 있어요. 트럼프는 그러한 신냉전의 사고 속으로 미국을 빠뜨리려고 하는 성향이 있어요."

"과거 미소냉전이라 하는 것은 미국이라는 나라와 소련이라는 나라가 대결한 것이 아닙니다. 그것은 공산세계와 서방세계, 즉 체제의 대결이었고 이념의 대결이었어요. 다시 말해서 그것은 철학적 대결이었어요. 공산주의와 자본주의라고 하는 인류사의 거대한 숙제들이 대결한 아레나arena(격투기장)의 모습이었죠. 그러니까 공산주의라고 하는 체제가 인류사에서 거대한 실험experimentation을 감행한 미증유의 새로운 역사단계였습니다.

그러나 지금 미중신냉전이라는 것은 미국이라는 나라와 중국이라는 나라가 누가 더 쎄냐 그 패권을 다투는 소꼽장난 같은 것이죠. 같은 차원의 냉전Cold War으로 도저히 볼 수 없는 사태이지요. 누가 더 쎄냐고 까불어대는 것이죠."

"정말 사회과학자들이 놓치기 쉬운 포인트를 잘 말씀해주셨습니다. 그래서 이러한 세계사적 형국 속에서 아베 총리와 시진핑 주석 같은 분들이 수준 높은 철학적 교훈을 얻을 필요가 있다고 생각되는데, 그 분들이 선생님 빼놓고는 다른 데서 들을 수가 없을 것 같네요. 꼭 일본대사관 하고 중국대사관에서는 우리 알릴레오 특별대담, 이 공개대담 중에서 양 수뇌에게 전하시는 말씀을 녹취해서 본국에 보고하시기 바랍니다."

"에이그, 그 사람들이 그런 짓 할 리가 있나요? 대국은 자만에 빠져있기 때문에 자기들보다 힘이 없다고 생각되는 분단국가의 사상가 얘기를 들을 생각을 하지 않아요. 정치적 사건이나 보고하겠죠. 더군다나 내가 하는 말은 중국이나 일본의 지도부 사람들에게는 듣기 거북한 말일 텐데 대사관 사람들이 보고하겠어요?"

"하여튼 들어나보죠!"

시진핑 주석에게 한마디

"나는 중국의 전문가입니다. 중국의 지식사회를 가봐도 나만큼 중국 고전이나 사서史書에 정통한 사람 만나기가 힘들어요. 어려서부터 평생을 연마해왔으니까요. 한시漢詩도 쓸 줄 알고, 서예, 문인화에 능하니깐 일필휘지一筆揮之하면 다 좋아해요. 나는 고전의 전문가이지만 현대 중국의 역사에 관해서도 공부를 많이 했어요. 모든 역사는 현대사라는 생각이 있었으니까, 현대사를 모르고 중국을 얘기할 수 없다고 생각했죠.

나는 대학교 때 모택동毛澤東, 1893~1976(20세기 중국공산주의혁명의 자이언트)에게 반했어요. 우리가 지독하게 반공체제하에 있었으니까 상대적으로 공산주의혁명가를 사랑하고 흠모했지요. 그의 이론은 서양의 공산주의이론과 다른 게릴라이론이었고, 동방사회의 현실에 보다 적합한 것이었습니다. 나는 대학교 때, 물론 금서였지만, 마오에 관한 책을 엄청 많이 탐독했습니다.

대체적으로 보면, 그가 1949년 10월 1일 천안문광장에서 중화인민공화국의 수립을 선포하기까지 그의 투쟁역정은 진실했고 위대했습니다. 정말로 배울 것이 많았습니다. 창업創業(새로운 기원을 이룩함)보다 수성守成(새로 이룬 것을 계속 지키고 완성시킴)이 더 어렵다는 말도 있지만, 마오는 창업의 귀재였지만, 수성에는 악마였습니다. 마오가 죽는 1976년까지 중국인민은 너무도 악몽 같은 세월에 시달렸습니다. 그는 공산혁명의 사상가였음에도 불구하고 최고의 권좌에 앉은 후부터는, 중국의 어느 황제보다도 더 끔찍한 절대권력을 휘둘렀습니다. 급기야 문화대혁명이 발발하고 수없는 인민들이 터무니없는 재난 속에 죽어갑니다(50만에서 200만 정도의 인민이 살해된 것으로 추론된다). 그 끔찍한 권력의 난동은 마오의 자연사自然死에서나 끝이 나고, 중국은 또다시 권력투쟁에 휩싸이지만, 그 혼란을 수습한 인물이 바로 등소평鄧小平Deng Xiao-ping, 1904~1997입니다. 등소평은 장정長征에 참가한 원훈元勳세대이며, 항일투쟁, 제1·2차 국공내전에 혁혁한 공을 세운 사람이며 또 모택동의 사랑을 받았던 사람이었기 때문에 확고한 카리스마가 있었습니다. 그의 생애는 '삼락삼기三落三起'(세 번 떨어지고 세 번 일어났다)라는 말로 묘사되는데, 온갖 고난을 딛고 일어나 드디어 모택동의 사후 중국역사의 키를 잡고 개혁개방의 시대로 중국을 휘몰아 나갑니다.

그러나 그는 중국공산당의 절대적 통제권력을 손상시킬 수 없었고, 개혁

개방('개혁'이란 경제개혁이고, '개방'이란 대외정책을 의미함)의 물결의 바탕에는 공산당의 통제권력이 절대적으로 필요하다고 확신했습니다. 기실 자유로운 시장경제와 엄격한 통제권력을 결합시키는 국가체제는 효율이 지극히 높습니다. 목표를 쉽게 달성할 수 있고 역사의 방향에 뚜렷한 기준이 서는 것이죠. 그러나 권력이 있는데 돈이 생기면 그것은 반드시 인성人性의 타락을 불러옵니다. 개혁개방과 더불어 중국은 극심한 부정부패의 수렁에 빠지게 되는 것이죠. 이러한 아수라장을 목불인견目不忍見하는 것은 순결한 청춘입니다. 이미 모택동 생전에 민중은 권력의 폭압에 항거하여 민주적 권리를 요구하는 4·5천안문사건이라는 군중집회가 있었습니다(1976년). 그리고 13년이 지난 후에 개혁개방으로 생긴 불평등구조의 개혁과 혁명원로세대의 퇴진을 요구하는 학생·노동자·시민들의 새로운 민주화물결이 천안문광장을 메우게 됩니다. 100만 명 이상의 인민이 운집한 천안문광장을 중국공산당은 무력으로 진압하죠. 청화대학 학생자치회의 발표에 의하면 이때 희생된 인민이 최소한 4천 명은 된다고 하는데, 나는 이 숫자가 제일 신빙성 있다고 봅니다.

1989년의 천안문사태를 유발시키는데 구심적 역할을 한 매우 양심적이고 민주적인 사상을 가진 중국혁명원로가 있었는데 그 사람이 바로 공청단共青團(중국공산주의청년단의 약칭. 14세~28세의 젊은이로 구성되는 사회주의청년활동조직)의 아버지라고 불리는 호요방胡耀邦, 1915~1989이지요. 천안문사태 자체가 호요방의 죽음을 계기로 그의 명예회복을 요구하면서 발단된 것입니다. 그런데 이 호요방의 노선을 지지한 아주 양심적이고 깨끗한, 그리고 사유의 깊이가 있었던 시종쉰習仲勳, 1913~2002이라는 인물이 있었어요. 호요방노선을 지지하는 것이 자기에게 불리하다는 것을 알면서도 그의 입장이 도덕적으로 옳았기 때문에 지지한 것이죠.

시종쉰은 장정의 종착지인 연안지구에 모택동이 오기 전에 이미 그 지역에 혁명근거지를 마련해놓은 인물이며 중국공산당 8대원로 중의 1인으로 꼽히는 큰 인물이죠. 바로 이 시종쉰의 아들이 우리가 말하려는 시진핑이지요.

여기서 중국 최근세의 긴 얘기를 할 필요는 없겠지요. 천안문사태 이후에 등소평은 자신의 사랑하는 자식과도 같은 인민을 무력으로 진압한 후, 더욱 개혁·개방을 확고하게 밀고 나가면서 상해 중심의 새로운 개발전략을 짜게 되는 것이죠. 이때부터 푸뚱浦東의 개발이 이루어지고, 강택민江澤民, 1926~ 과 같은 테크노크라트적인 실무파 지도자가 등장하는 것이죠.

등소평은 문제도 많은 사람이지만 원칙이 있는 인물이었습니다. 등소평은 실권은 장악했지만 단 한 번도 국가원수의 지위나 중국정부수뇌 또는 중공최고영도직무 자리에 앉은 적이 없습니다. 그리고 중국특색 사회주의 이론체계라는 것을 표방했습니다. 그리고 실권을 강택민에게 넘길 때도 격대지정隔代指定(한 대를 넘어 다음 대에 올 사람을 미리 지정함)을 함으로써 강택민의 임기를 명료하게 제한시켰습니다.

강택민은 이 약속을 이행하고 권좌를 공청단계의 실무파인 후진타오胡錦濤, 1942~ (안휘성 출신. 청화대학 수리공정水利工程학부 졸업. 티베트자치구당위원회서기. 중앙당교 교장)에게 넘깁니다. 그리고 아버지의 음덕으로 강택민 상해파 실세와 공청단계열 사람들, 두 계파에게 모두 지지를 얻어 오묘한 권력승계투쟁과정에서 두 번째의 격대지정을 받은 사람이 바로 시진핑입니다."

"역시 대가다운 일획一劃입니다. 어떻게 중국현대사를 그렇게 한 큐로 정리하시나요. 정말 재미있네요. 조금만 더 들어보기로 하죠."

민주라는 세계사의 패러다임

"이쯤에서 우리는 민주라는 제도나 가치에 관해서 한번 반추해볼 필요가 있어요.

우리가 살고있는 이 세계는 각 나라가 제각기 자유롭게 잘살면 좋겠지만 그게 여의칠 않아요. 약육강식의 괴롭힘은 여전하고 제국주의적 획일화의 물결 아래 고유의 생활방식조차 유지하기가 힘들고 항상 전쟁의 위험이 도사리고 있어요. 그래서 세계질서의 기준을 세우는 도덕적인 나라가 있기를 갈망하죠. 크게 보자면 19세기 한 세기에 인류에게 도덕적 비젼을 준 나라는 역시 프랑스였어요. 그리고 20세기 열강 중에서 그래도 인류에게 소망을 던져준 나라는 미국이었어요.

우리의 삶을 지배하는 새로운 에포크들을 만들었고, 예를 들면, 전기, 전화, 자동차, 비행기, I.C.회로 이런 모든 것들이 미국문명 속에서 보편화되고 대중화되었고, 또 동시에 막강한 군사력을 축적하면서 세계경찰 노릇을 했지만 월남전 이전까지는 그 모든 것이 도덕성이 있었어요. 그런데 월남전을 계기로 미국은 그러한 도덕성을 상실했습니다. 20세기 말기로 오면서 미국은 멸망 직전의 로마제국과도 같다는 풍설이 떠돌았습니다. 광대한 영토와 여러 인종으로 구성되어있을 뿐 아니라 지도자들의 비도덕성이 비슷하다는 것이죠. 두 제국 모두 자국을 절대적인 구세주로 여기고 나머지 세계를 너무 단순하게 생각하여 세계를 마구 지배하려는 욕심 때문에 내부에서 점증하는 모순과 도덕적 와해 때문에 도전을 받을 뿐 아니라 그것을 해결할 수 있는 공동체의식이 소생될 가능성이 없다는 것이죠. 그러한 무렵에 중국이 등장했고, 시진핑이 등장했어요.

그래서 나와 같이 생각하는 세계의 지성인들은 시진핑의 중국에 기대를 걸었습니다. 단순히 서구적 '민주'가 아닌, 새로운 방식의 인문주의, 민본주의, 내가 동학을 규정하면서 '플레타르키아*Pletharchia*'라고 말한 새로운 개념의 민본의 인문주의 이상을 중국이 실현할 수 있을 것이다. 민주는 결국 언론의 횡포 때문에 망합니다. 언론이 자본화되면 아무리 진보적 언론이라도 새로운 민주적 이상을 역사에 제시하지 못합니다. 그리고 서구적 자유의 개념도 자율적 도덕성을 확보하지 못하면 매우 천박한 방종, 욕구의 충족에 흐르고 말아요.

하여튼 20세기의 미국의 패러다임과는 다른 어떤 21세기의 새로운 도덕적 액시스Moral Axis를 중국문명이 끌고갈 수 있지 않을까 하는 기대가 있었죠. 그만큼 시진핑은 중국인민의 고난의 역정에 동참한 인물이었고, 등장하면서부터 부정부패의 척결을 강력히 들고나왔습니다. 미국의 제국주의적 횡포에 휘둘리지 않는 새로운 스타일의 월드 리더십을 발휘할 수 있지 않을까 하는 기대가 있었지요. 그런데 그런 기대의 근거는 10년마다 정상의 리더십이 평화롭게 교체되어왔다는 사실에 있었습니다. 서구적 선거개념이 아닌 다른 방식(일례를 들면, 적우제積優制)에 의한 것이라 할지라도 리더십의 주기적 교체the periodic change of leadership만 확보되면 그것은 서구적 민주보다 더 우수한 제도일 수도 있다고 생각했죠. 그런데 시진핑은 5년의 초반 임기를 거치면서 그러한 세계사람들의 기대감을 모았고 중국의 패권주의를 단순한 패권주의로 바라보지 않는 따스한 시선이 있었습니다.

그런데 그러한 시진핑이 세계지성인들의 도덕적 기대감을 무산시킬 줄 누가 알았겠습니까? 지난 2018년 3월의 제13계 전국인민대표회의에서 개헌을 감행하여 영구집권의 길을 열었을 뿐 아니라, 격대지정의 아름다운 전통도 파기해버렸고, 7상8하(67세 이하는 유임, 68세 이상은 은퇴)라는 세대교체의 룰도 다 깨버렸습니다. 홍콩·대만문제의 접근만 보아도 좀 조잡한 행태를 과시하고 있습니다."

"선생님께서 JTBC '차이나는 도올'이라는 프로를 통하여 시진핑의 세계사적 위상을 잘 말씀해주셨는데, 정말 엄청난 배신감을 느끼셨겠습니다."

"저 개인의 배신감이 문제 되는 것이 아니라, 중국이 3류국가가 되어버린 것이죠. 등소평 → 강택민 → 후진타오 → 시진핑을 거치면서 어렵게 쌓아올린 아름다운 전통을 그렇게 짓밟는다면 저승에 계신 그의 아버지 시종쉰도 분노하실 거에요. 세계언론이 중국을 바라보는 시각이 현저하게 싸늘해졌죠. 중국이 힘으로 미국과 패권을 다툰다면 과연 그게 가능한 얘깁니까? 저는 개인적으로 아직도 시진핑에 대한 믿음을 버리지 않고 있습니다. 그가 멋있게 물러날 수 있는 기회는 아직 남아있습니다."

"참 딱한 애기군요. 개인의 집권욕심 때문에 국가의 비젼이 망가진다는 것, 애석하네요. 그건 그렇고 지금 선생님께서 말씀해주셔야 할 테마는 남북관계에 대한 중국의 입장에 관한 것이죠."

"중국은 이미 2013년 7월 국가부주석 이원조李源潮가 북한을 방문했을 때, 한반도정책3원칙을 제시했습니다. 1. 한반도 비핵화 실현. 2. 한반도평화·안정 유지. 3. 대화와 협상을 통한 문제해결. 이 원칙은 외교부 부장 왕이王毅가 2016년 2월, 중·미외교부장관회담 후에 제안한 '평화협정·비핵화 병행추진,' 소위 쌍중단雙中斷이라고 하는 입장 속에 일관되게 나타나고 있습니다. 나는 이러한 입장이 조금도 잘못되었다고 생각하지 않습니다. 매우 합리적인 단계적 방식이지요. 미국이 북한에 강요하는 선핵포기·후경제협력이라는 리비아모델은 전혀 북한이 수용할 수 없는 것이죠. 그렇게 되면 남북문제는 진전이 될 수가 없지요. 그러니까 중국은 이러한 문제에 관하여 일관된 태도를 지켜가면서 미국을 좀 강하게 설득시켜달라는 것이죠. 뿐만 아니라, 중국과 미국의 신냉전이라고 하는 사태를 바라보는 우리의 입장은 그러한 싸움에는 휘말리지 않을수록 좋다는 것이죠.

사실 우리나라와 중국의 교역량은 일본과 미국과의 교역량을 합친 것보다도 더 많아요. 그러기 때문에 우리는 써바이벌을 위하여서라도 중국의 입장을 존중할 수밖에 없어요. 그러나 중국은 우리가 휘말리지 않으려는 스탠스를 좀 여유있게 인정해달라는 것이죠."

"그렇죠. 바로 인정이지요. 호상적으로 인정한다는 것처럼 좋은 것이 어디 있겠습니까? 그러나 중국은 아무래도 한국을 자기 변방처럼, 조공국처럼 바라보는 스탠스가 있지 않겠습니까?"

"과거의 중국은 오히려 그렇지 않았어요."

"그래요? 더 심했을 것 같은데요?"

"사실 오늘의 중국이라고 하는 개념은 한족의 왕조가 아닌 만주족(숙신·읍루·말갈·여진 등을 총칭하는 퉁구스족. 이들은 알고 보면 우리 민족과 같은 몽골로이드이다)이 세운 청나라의 탁월한 군주들, 강희·옹정·건륭제에 의하여 확립된 영토범위를 모택동의 공산혁명이 이어받아 성립한 것이죠. 그러니까 그 이전에는 중국이라고 해봤자 중원中原(하남성을 핵심으로 하는 황하의 중하류 지역)을 중심으로 한 크지 않은 범위였죠. 물론 강남江南도 있고 다양한 지역이 포괄되기도 하지만, 동이東夷·남만南蠻·서융西戎·북적北狄이라는 말이 존재하는 것은 외곽지역이 중국中國(=중토中土)이라는 개념 속에 포섭되지 않았다는 것을 의미하죠. 중국을 한족漢族이라는 개념의 사람들이 다스린 시기가 중국역사의 반도 채 되질 않아요."

"당나라라고 해도 그것이 오늘의 중국과 같은 범위의 나라는 결코 아니었다는 말씀이군요."

"생각해보세요! 중원을 통일한 수양제가 왜 100만대군을 데리고 고구려를 정벌하러 오겠습니까? 만약 고구려를 오늘날의 대한민국과 같이 변방에 고립된 섬나라처럼 인식했다면 왜 100만대군을 거느리고 그 변방구석을 찾아오겠습니까? 정사의 기록에 출정하는 병사의 수가 113만 3천 8백 인이요, 과장하면 200만이라 했습니다. 하여튼 113만의 대군이 움직이려면 치중대를 합치면 400만은 되는 규모고, 그들이 하루에 소비하는 식량을 계산하면 천문학적 숫자에 가깝습니다. 그런데 이 113만대군이 좌군 12대, 우군 12대로 나누어 낙양을 출발하는데, 송군

영파
상해
소주
후쿠오카
코오토
나고야
제주도
양주
(江都)
회하
부산
광주
경주
부여
독도
동해
황해
백두대간
서울
해주
청도
원산
평양
등주
여순
발해
초산
안시성(해성)
나진
백두산
흘승골성
산해관
집안
백암성
갈석산
난하
요동성(요양)
블라디보스톡
연길
통화
심양
신성
(무순)
요하
대릉하
조양
(용성, 영주)
우하량
승덕
훈춘
동모산
경박호
우수리스크
상경용천부
길림
만리장성
흥개호
목단강
송화강
통요
장춘
시라무렌강
우수리강
하얼삔
가목사
동강
황강량
2029m
하바로프스크
아무르강
눈강
대경
소흥안령
치치하얼
대흥안령 大興安嶺
애훈
흑하
스바보드니
만주리
호륜호
제야강
아르군강
흑룡강
(아무르강)
네르친스크
치타
바이칼호

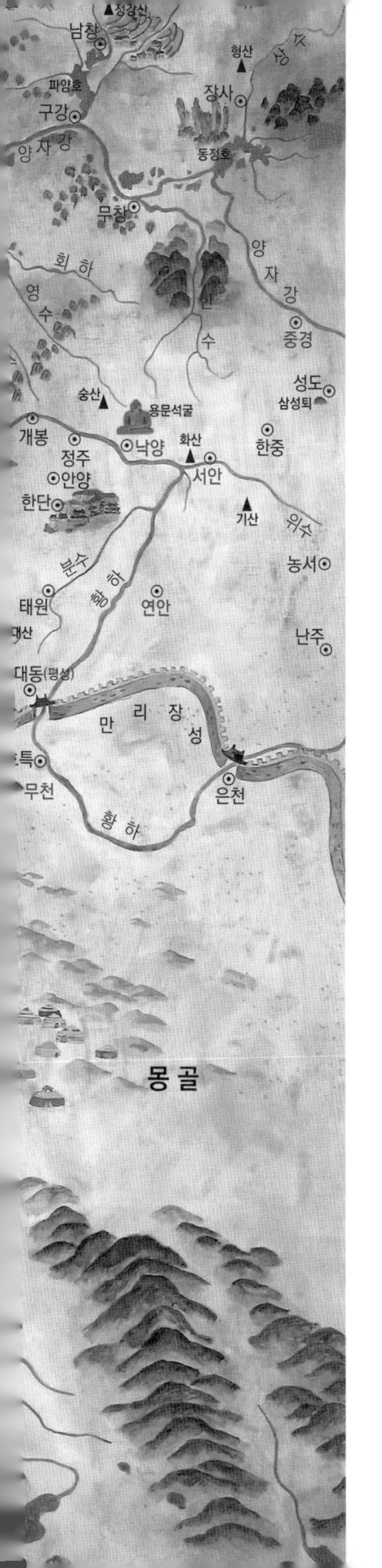

【고구려패러다임 지도】

고조선의 사람들,
그리고 고구려인이 인식한 세계질서를
깨닫게 해주는 지도.
현재 우리가 지리의 기준으로 삼고 있는
태평양중심의 걸개지도는
삶의 자리와 무관하게 세상을
도착적으로 바라보게 강요한다.
그리고 민족이동이나 문화전래에 관하여
터무니없는 가설들을 회의적 시각이 없이
수용하게 만든다. 우리는
이 고구려패러다임 지도를 놓고
우리 역사의 흐름을 생각해야만
우리의 선조들이 바라본
그 코스모스의 실상을
바르게 구성할 수 있다.
그리고 고조선—고구려—고려 패러다임의
바른 인식에 도달할 수 있다.
우리역사는 조선왕조의 역사기술에
의하여 너무 크게 왜곡되었다.
『삼국유사』에 말하는
환웅이 하강한 신시神市는
바이칼호 주변이었을 수도 있다.

送軍하는 데 만 40일이 걸렸고, 고각鼓角·정기旌旗가 뻗친 것이 960리나 되었다고 했으니 하여튼 그 규모가 엄청났던 것을 알 수가 있습니다. 그런데 그러한 대군이 을지문덕에게 대패하고(접전한 30만 5천 군사 중 오직 2700명만 살아남았다), 결국 수양제는 강도江都에서 반군에 의하여 시해되고 따라서 수나라는 멸망되고 맙니다.

그런데 똑같은 과오를 중국역사를 통해 가장 뛰어난 명군이었다고 하는 당태종까지 범합니다. 최근 『안시성』이라는 영화도 있었지 않습니까? 양만춘의 화살을 눈에 맞고 애꾸가 된 당태종! 결국 그 화살독에 4년 후에 타계하고 맙니다(649년 4월)."

광개토대왕비. 고구려 제국의 위용을 알리는데 이 이상한 유적이 없다. AD 414년 세워진 그 자리에 그 모습대로 하고 있다. 비의 무게는 37톤 정도. 당대 중원에도 이러한 일의 석비가 없었다. 비문해석은 아직도 연구대상이다

"양만춘! 양만춘! 안시성의 양만춘! 안시성이 요동에 있으니까 결국 당태종은 요동도 돌파하지 못하고 퇴각한 것이네요. 그런데 왜 그토록 집요한 싸움을 수문제, 수양제, 당태종 이들이 조대를 바꾸어 가면서 고구려와 벌인 것일까요?"

"우리가 수나라·당나라 이런 나라들을 한족으로만 알고 있는데, 사실 이들은 북방의 무천진武川鎭(지금은 내몽

골에 있다) 출신의 군벌들이거든요. 수문제 양견楊堅, 당나라의 이씨李氏 들의 뿌리가 무천진에 있습니다. 이들의 입장에서 보면 중원의 통일이라는 것은 협소한 범위에 지나지 않아요. 당시 광대한 영토를 차지하고 있던 고구려를 정벌치 않으면 중국을 통일했다 말할 수 없는 겁니다. 그러니깐 그만큼 고구려제국의 성세가 중원의 사람들을 압도할 만큼 엄청났다는 것이에요."

"그러한 사실을 전제하지 않으면 수·당의 집요한 고구려원정이 설명될 길이 없다는 말이군요."

"같은 북방군벌이었는데 연개소문의 세력권이 당태종의 세력권보다도 더 강력했다는 것을 알 수가 있지요. 그만큼 조선대륙은 풍요로운 하부구조를 가지고 있었습니다. 우리가 너무도 고대사의 인문지리학적 지식을 결하고 있어요. 고조선의 영역은 엄청난 독자적 전승을 가지고 있었습니다. 지금 우리는 그 어마어마한 전승을 다 망각 속에 쓸어넣어 버리고 휴전선에 막혀 스스로 왜소해져 버리고 만 것이죠."

"그러나 요즈음 젊은이들은 우리들과는 분위기가 너무 다른 것 같아요."

"맞아요. 요즈음 대한민국의 젊은이들이야말로 고조선의 원래 기상을 회복했다는 느낌이 들어요. 그렇지 않고서야 어떻게 비티에스(BTS)가 설명될 수 있겠어요. 그들 핏줄에 고구려의 기상이 서려있는 것이죠. 제가 애매한 고대사를 가지고 와서 구라치는 게 아녜요. 생각해보시죠. 해인사에 팔만대장경이 있다는 것 아시죠?"

"물론 알죠."

"그런데 팔만대장경이 당대 전 세계를 통틀어 가장 정밀하고 가장 방대한 자료를 통섭했을 뿐 아니라, 목질이 치밀한 희귀종의 산벚나무 목판에 판각을 한 인류최대, 최고의 장경사업이라는 사실을 아시죠."

"알죠."

어찌하여 그대들은 해인사라는 고찰에 팔만대장경이라는 골동품이 있다고 알고만 있단 말가? 그것은 이 지구상에 존재하는 가장 위대한 성경! 서양에서는 코우덱스 한두 쪼가리만 있어도 어마어마한 유적으로 아는데 우리는 인류 최대의 성스러운 경전이 우리 실력으로 제작되어 고스란히 보존되어 있다는 사실을 직시하지 않는다. 이 장경각에 보관된 8만 1,352장의 경판(페이지는 양면이므로 2배)은 인류종교문화의 역정을 나타내는 정밀한 언어의 총집결이다. 당대 그러한 내용을 수집하여 판각하는 작업은 오늘날로 치면, 옥스포드, 캠브릿지, 하바드 대학 고전학 관계 스칼라십을 총동원해도 모자라는 스케일이다. 이것은 곧 고려가 비유하자면 대영제국이나 미국을 능가하는 문화대제국이었음을 입증하는 것이다.

“그렇다면 그 대장경사업을 할 수 있는 나라야말로 주변의 모든 나라를 뛰어넘는 문화의 대국이라는 것은 아시겠죠.”

“당연하겠죠.”

“고려의 청자가 그 모양이나 색깔이나 기능의 다양성이나 품격에 있어서 당대當代의 송자宋磁가 따라올 수 있는 수준이 아니라는 것을 아시죠.”

“고려청자의 아름다움은 세계적으로 인정받고 있지요.”

“그럼 고려불화의 규모나 섬세함이 세계제일이라는 것은 아시겠죠.”

“각 사찰에 소장된 탱화만 해도 엄청나지요.”

“그렇다면 『직지심경』이나 『상정고금예문』을 인쇄한 고려의 금속활자가 구텐베르그의 금속활자보다 2세기 앞선다는 사실도 알고 계시죠.”

“국제적으로 다 인정된 사실이지요.”

“제가 말하려고 하는 것은 고려만 해도 세계와 소통한 문화대제국이었다는 것이죠. 고려는 황제의 나라였고, 개경은 황도皇都였어요. 그러니까 고구려의 전승이 고려에 이어졌고 그것이 오늘날 세계로 뻗어나가고 있는 우리나라 젊은이들의 혈관에 흐르고 있다는 것이죠.

고려대제국의 웅혼한 기품과 심미적 감성을 느끼게 하는 걸작 중의 걸작. 고려인은 이런 청자에 술이나 차를 담아 마셨다. 이 포도동자문표주박형상감청자의 손잡이와 주둥이의 슬림한 형태와 곡선미는 내가 말하는 유수流水와 절수絕水의 아름다움과 기능의 완벽한 구현체이다. 오늘날에도 이만한 작품이 장작가마에서 탄생되질 않는다. 고려의 청자는 당대 송나라 자기가 따라올 수 없는 절세의 묘경을 과시하고 있다. 이 작품은 나의 우인友人 용인대 이사장 이학의 콜렉션이다.

거~ 축구 잘하는 친구 누구죠."

"손흥민!"

"맞아요. 거침이 없잖아요. 우리 시절엔 축구선수들이 꼴문 앞에서 기회가 오면, 그 기회가 너무 소중해서 머뭇거리다가 놓치고 말았어요. 무술 초식에 있어서도 0.00001초가 승패를 가르죠. 손흥민은 0.00001초가 없이 그냥 질러버려요. 역시 고구려기질이죠."

"류현진!"

"아~ 그 친구는 구력도 대단하다고 하겠지만 무엇보다 머리가 좋아요. 상대방의 심리를 정확히 파악하고 또 담대하게 맞대결을 해요. 그의 성적은 놀라운 것이죠. 그 많은 신체부상을 극복하고 평균자책점 타이틀 홀더가 되다니요. 야구인구가 많아 일찍부터 메이저리그에 진출한 일본 선수 그 누구도 류현진의 기록을 못냈어요."

"김연아!"

"아~ 연아의 우아한 몸짓을 보면 나는 저 강서대묘의 북벽에 있는 현무玄武의 꿈틀거리는 선율이 느껴져요. 그런데 또 누구죠. 강 스파이크의 주인공."

"아~ 김연경을 말씀하시는군요."

"저는 김연경을 특히 좋아해요. 하늘로 솟구쳐서 내려치는 그 손길이 엄청 다양해요. 강과 유를 자유자재로 운용해요. 이름에도 부드러울 연軟자가 들어가 있어요. 그리고 단원들과 얼굴을 맞대며 환희의 표정을 지을 때 너무도 순결한 발랄함이 느껴져요. 뿐만 아니라, UFC에 출전하는 한국선수들도 대단해요. 조명우라는 어린(21세) 당구선수도 대단한 실력가에요."

"선생님께서는 스포츠의 현황도 엄청 꿰뚫고 계시네요."

"나는 이 많은 인재들이 일시에 폭발하는 역사적 현상을 중시하고 있어요. 그동안 억눌렸던 민족의 에너지가 분출하는 것 같아요."

"자아~ 시진핑 주석께서는 조선대륙의 사람들을 좀 깊게 이해해주시고, 조선대륙에 화해와 평화의 기운이 무르익도록, 조선이 좋은 이웃이 될 수 있도록 힘써주셔야겠습니다. 이렇게 정리하겠습니다."

"단 한마디! 제가 말씀드린 것은 영토의 문제가 아니라, 기상과 기백에 관한 것, 과거의 엄연한 사실에 관한 것을 이야기하고 있는 것입니다. 조선대륙이라고 한들 고토를 회복하자는 뜻이 아닙니다. 이탈리아사람들이 로마제국의 이야기를 이탈리아반도 내에서만 우그려 할 수 있는 것은 아니잖아요? 우리 조선사람들은 항일투쟁시기에도 모두 중국혁명에 헌신했습니다. 중국의 승리가 곧 우리 민족의 해방의 길이라 믿었습니다. 오늘의 중국을 만들어오는데 조선인의 희생과 공헌은 지대한 것입니다. 남북의 화해는 21세기 중국의 위상을 크게 제고시킬 것입니다."

아베 총리에게 한마디

"자아~ 지금 저기 아베상이 앉아있습니다. 아베상이!"

"그래요?"

"사실은 제가 몇년 전에 재팬파운데이션Japan Foundation을 통해 아베상이 주재하는 국제회의에 초대받은 적이 있는데 안 가기를 잘했죠. 갔더라면 우리나라 언론이 날 생매장시켰겠죠. 이젠 외국에도 못 나가겠어요. 우선 집필에 집중하다 보면 나돌아다닐 에너지가 남질 않아요."

"저기 아베상이 앉아계세요."

"아~ 키시 노부스케岸信介, 1896~1987의 외손자분이시죠. 키시는 박정희 대통령과도 친했는데요, 그는 푸이溥儀가 황제로 취임한 만주국을 만드는 데 실질적 공헌을 했고, 일제가 항복하면서는 A급전범용의자로 체포되었죠. 그러나 동서냉전의 영향으로 그는 불기소무죄방면되고, 샌프란시스코강화조약으로 모든 제약이 해제되고 복권됩니다. 그리고는 자민당을 만들고 키시내각을 탄생시키고 오늘날 일본정치의 프레임웍을 만들었죠. 그는 '쇼오와昭和의 요괴妖怪'라고 불릴 정도로 쇼오와시대 전체를 매스터마인드 했어요. 뿐만 아닙니다. 아베의 집안은 일본에서도 유례를 보기 힘든 정치거물들이 밀집되어 있는 가계지요.

그의 고조부 육군대장 오오시마 요시마사大島義昌, 1850~1926는 안중근의사가 여순감옥에서 목숨을 잃었을 때 바로 그곳의 관동도독이었습니

안중근이 재판을 받은 여순의 관동도독부지방법원의 모습. 당시 관동도독은 아베의 고조부였다. 안중근이 앉았던 그 자리에 나 도올이 앉아 있다. 일본은 대제국의 위세를 과시하기 위하여 안중근의 재판을 법질서에 따라 진행시켰다. 안중근은 그의 재판을 활용하여 세계여론을 움직이고자 했다. 그 재판정에는 외국기자들이 많이 참석하기 때문이었다. 그래서 항소까지 생각했다. 그러나 재판이 길어지면 안중근의 언행이 왜곡될 우려가 있었다. 당시 우리나라 파리외방선교회 카톨릭세력은 엄청난 친일기관이었기 때문이다. 이러한 낌새를 알아차리고 안중근에게 항소를 포기하고 죽음을 선택하기를 권유한 사람은 누구보다도 그의 생명을 아끼는 그의 모친이었다. 안중근이 죽는 그날 안중근의 모친은 그에게 흰 비단 두루마기를 보냈다. 안중근은 그 비단 두루마기를 입고 사형틀에 올라갔다.

다. 그의 작은 할아버지 사토오 에이사쿠佐藤榮作는 한일협정(한일기본조약, 1965) 맺을 때 총리대신이었으며, 1974년 노벨평화상을 수상했습니다. 그의 아버지 아베 신타로오安倍晋太郎, 1924~1991는 동경대학 법학부를 나오고 외무대신을 지낸 사람이죠. 아베는 자기 아버지가 외무대신이 되었을 때 그 비서관으로 들어가 정치인의 생애를 시작했습니다. 아베는 이러한 분위기에서 자라나면서 어려서부터 자기는 꼭 훌륭한 정치인이 되겠다고 하는 신념을 자연스럽게 지니게 되었다고 하죠. 아베는 동경대학을 다닌 사람이 아니고, 남가주대학에서 유학을 했기 때문에 보통 엘리트 일본정치인들과 달리 영어도 잘하고 체험의 폭이 넓은 사람이라고 말할 수도 있지요."

"왜 그런 사람이 그렇게 밴댕이콧구멍 같은 소견을 가지고 세상을 대하나요?"

"그의 밴댕이콧구멍 같은(좁은) 소견의 원천은 결국 그의 가계 그 자체에 디엔에이DNA처럼 박혀있는 것이죠. 그 가계가 바로 쵸오슈우번長州藩 출신의 사람들이라는 데 있죠. 이들의 고향이 모두 야마구찌현山口縣으로 되어있지만, 이 야마구찌의 에도시대의 이름이 쵸오슈우에요. 큐우슈우와 맞닿아있지만 본토(일본인의 본주本州라고 함)의 최남단, 그러니까 시모노세키가 있는 곳이죠. 이곳이 바로 명치유신의 고장이에요."

"명치유신이라는 게 도대체 뭔지, 그런 것부터 좀 쉽게 설명해주셔야 할 것 같아요."

"우리는 '유신維新' 하면 박정희가 독재, 영구집권을 획책하기 위해 만든 '10월유신'을 생각하기 쉽지만, 일본역사에서 유신이라는 것은 거대한 체제의 변화를 의미하는 것이죠(그 말의 어원은 『대학』, 『상서』 등 중국고전에 있다). 에도江戶라는 것은 막부幕府중심체제였는데, 막부는 독립된 정치단위인 번藩에 의하여 분권화되어있는 매우 정교한 지방분권제였습니다(케이오오慶應 원년1865 기준, 266개의 번이 있었다).

그런데 이런 정교한 분권제는 외세의 침입에 대하여 공동의 대응이 어렵다고 하는 난점이 있었습니다. 더구나 쿠로후네黑船(서양의 철로 만든 거대함선)가 나타나면서 통일국가의 염원이 생겨납니다. 그래서 쿄오

여순항의 모습. 고구려패러다임지도의 관점에서 보면 여기서부터 중원과 삼한의 세계가 다 장악될 수 있다. 고구려·발해의 전략 포스트였다. 여순과 산동성 등주의 길목은 중원대륙과 빈번한 거래가 오가는

토京都에 실권 없이 허수아비로 있던 천황天皇을 다시 실권자로 옹립하여 막부제도를 타도하여(토오박쿠倒幕라고 한다) 천황중심의 강력한 중앙집권관료주의국가를 만들자! 이러한 거대한 사회변화를 일본역사에서는 명치유신이라고 표현합니다. 명치천황을 옹립하여 지금 동경東京(=에도江戶)에 있던 막부를 쫓아내고 폐번치현廢藩置縣(번제를 폐지하고 중앙집권의 행정구역인 현으로 만든다)한다는 것이죠. 이 거대한 사회변혁을 주도한 사람들을 '시시志士'라고 불렀는데, 이 시시들의 주축이 바로 쵸오슈우번과 큐우슈우 남서단의 사쯔마번薩摩藩(지금의 카고시마현鹿兒島縣)에서 나왔습니다. 사쯔마와 쵸오슈우가 동맹을 맺어 쿄오토에 있던

중요한 관문이었다. 산동성은 역대로 백제의 터전이기도 했다. 통일신라 때는 등주에 신라방이 번창했다. 그리고 이곳에서 대동강입구 남포까지지는 가깝고 안전한 뱃길이었다.

명치천황을 모시고 올라가 에도막부를 없애면서 근세일본이 태어난 것입니다."

"이 얘기와 아베는 어떻게 관련되나요?"

"사쯔마와 쵸오슈우가 동맹을 맺도록 도와준 사람이 토사번土佐藩의 사카모토 료오마坂本龍馬, 1836~1867와 같은 사람들이었는데, 이런 사람들의 비젼만 해도 그렇게 천황독선적인 절대권력에 의한 획일적인 통일을 구상하지는 않았어요. 그러나 역사는 극단으로 치우치게 마련이죠. 결국 명치유신은 일본을 천황이라는 절대권력을 받드는 군사·문화대국, 즉 천황제국주의국가로 만듭니다. 이 흐름에 가장 피를 본 사람들은 번에 소속되어 있던 사무라이들이었습니다.

번이 사라지니까 사무라이들도 칼을 다 빼앗기고 별볼일없는 평민이 되는 것이죠. 이러한 과정에서 사무라이들의 기를 살리기 위해 등장하는 것이 정한론征韓論입니다. 한국을 정벌하여 사무라이들의 새로운 땅을 만들자는 것이죠. 이 정한론의 대표주자가 사쯔마의 우두머리 사이고오 타카모리西鄕隆盛, 1828~1877 같은 사람이지요."

요시다 쇼오인

"아베집안은 뿌리가 쵸오슈우 아닙니까? 정한론과는 무슨 상관이 있나요?"

"사이고오 타카모리의 정한론은 이미 쵸오슈우의 전략가·학자였던 요시다 쇼오인吉田松陰, 1830~1859이라는 인물에게서 다 완성되어 있던 이론입니다. 나는 일본 동경대학에서 공부할 때, 요시다 쇼오인을 전공하는 일본인 친구가 있어서 그로부터 요시다 쇼오인에 관하여 많은 얘기를 들었습니다. 요시다 쇼오인은 정말 격렬한 인생을 산 사람인데, 막부요인 암살계획이 탄로 나서 그에게 참수형이 선고되고 에도 텐마쵸오傳馬町에서 그의 모가지에 칼날이 떨어진 것은 그의 나이 불과 만 29세 때였습니다.

요시다 쇼오인은 명치유신에 가장 막강한 영향력을 끼친 사람인데 그가 활약한 것은 10대·20대의 삶의 시기였습니다. 아주 천재적인 인물이었죠. 그는 세기의 변화를 민감하게 감지하고 양명학陽明學을 흡수하면서 고경에 대한 매우 창조적인 이론을 제시합니다. 그리고 그는 15세 때 이미 나가누마류長沼流, 야마가류山鹿流의 에도 시대의 병법 쌍벽을 다 마스터하고, 에도에 나와 당대의 석학 사쿠마 쇼오잔佐久間象山, 1811~1864과 아사카 곤사이安積艮齋, 1791~1861에게 직접 배웁니다. 후에 탈번하여 쿠로후네를 타고 외국에 밀항하려 했으나 뜻을 이루지 못하고, 수인생활을 합니다. 1855년에 출옥, 자기 고향에 돌아와 숙부가 주재하던 쇼오카손쥬쿠松下村塾를 계승하여 그곳에서 서당을 엽니다. 이 서당에서 명치유신을 리드해나간 엄청난 인물군이 배출됩니다. 안중근의 처단으로 인해 우리에게 잘 알려진 이토오 히로부미를 비롯해 쿠사카 겐즈이久坂玄瑞, 타카스기 신사쿠高杉晋作, 야마가타 아리토모山縣有朋 등 유신의 거목들이 모두 이 쇼오카손쥬쿠에서 태어납니다."

"그의 사상의 핵심은 무엇입니까?"

"그는 소위 존황양이尊皇攘夷라고 하는 시류의 모든 이론적 근거를 과감하게 제시함으로써 시대를 앞서간 사상가이죠. 즉 막부를 무찌르고(倒幕) 천황을 옹립하여(尊皇), 오랑캐를 쳐부수자(攘夷)는 것인데, 그의 구상은 20세기 일본제국주의의 모델을 제시한 것입니다. 그는 '일군만민론一君萬民論'을 주장합니다. 국가라는 것은 천황이 지배하는 것이며 천황 한 사람 아래 만민이 평등하다는 것입니다. 멋있게 들리지만 사기성이 농후한 평등주의지요. 맹자이론을 왜곡한 것인데, 요시다 쇼오인의 일군만민론에는 천황만 있고 민民이 없습니다. 맹자의 천하는 만민의 천하며, 국가도 국민의 공유가 되어야 하며, 군이 민의 의지를 반영하지 않으면 갈아치울 수 있는 것입니다.

나고야에 있는 아이찌조선고급중학교를 방문하여 그곳의 학생들과 사진을 찍다(2007년 7월 19일). "비오는 날엔 비가, 눈 내리는 날엔 눈이, 때 아닌 모진 바람도, 창을 들이쳐, 너희들의 책을 적시고, 뺨을 때리고 할퀴고, 공부까지 못 하게 만들어도, 아이들아 이것이 우리 학교란다. 초라하지만 단 하나뿐인 우리의 학교. 아이들아 이것이 우리 학교란다." 학생들이 부르는 교가가 울려퍼질 때 눈물이 왈칵 쏟아져 눈을 뜰 수 없었다. 일본 아베정부는 이들 가족이 모든 세금을 다 내는데도 불구하고 정규적인 학교로서 지원을 하지 않는다. 그럼에도 이들은 우리 말, 우리 역사의 민족학교 독립투쟁을 계속하고 있다.

요시다 쇼오인은 일군만민을 위해 초망草莽이 굴기崛起할 것을 선동합니다. 그리고 하루빨리 군비를 갖추어라! 일본은 새로운 시대를 맞이하기 위해서는 식민지를 개척하지 않으면 아니 된다고 역설합니다. 북으로 만주를 점령하고 남으로는 대만, 여송呂宋(Luzon, 필리핀의 가장 큰 섬) 제도를 점령하고 홋카이도오, 류우큐우를 일본영토화 하라! 그리고 하루빨리 이씨조선李氏朝鮮을 일본에 귀속시켜라! 이러한 요시다 쇼오인의 외침은 실제로 명치유신 이래 일본의 애국주의를 말하는 모든 국수주의의 원천이 되었습니다.

그런데 아베는 어려서부터 자기 고향에서 추앙받는 이 국수주의 사상가에 대한 절대적 신앙 속에서 자라났습니다. 그가 총리가 되었을 때도 먼저 찾아간 곳이 야마구찌현의 하기시萩市에 있는 요시다 쇼오인의 서당 쇼오카손쥬쿠松下村塾였고, 그곳 쇼오인신사에 참배하고 그의 영혼에게 자신의 정의로운 판단을 맹서하였다고 하죠."

"그의 정의로운 판단이 무엇일까요?"

"정상적인 국가가 되는 것이죠."

"정상적인 국가가 무엇입니까?"

"전쟁을 마음대로 할 수 있는 국가지요."

"아하~ 그래서 그가 주장하는 것이 개헌, 즉 평화헌법의 파기이군요."

"키시, 즉 쇼오와의 요괴라 불리는 그 집안의 가풍에 충실한 그가 꿈꾸는 것이 무엇이겠습니까? 그것은 바로 메이지유신의 군국주의를 부활시키는 것입니다. 그는 어차피 도막과 존황의 전승 속에서 사유하기 때문에 일본의 유토피아는 명치시대의 활기발랄한 제국주의적 팽창의 사회상에 있는 것이죠. 제대로 가치평가를 하자면 에도의 분권에서 명치의 집권으로 변모한 것은 역사의 진보가 아니라 역사의 퇴행입니다. 그것은 이미 낡은 인류사의 패러다임이지요. 그것은 페르낭 브로델Fernand Braudel, 1902~1985의 말대로 제국주의적 침략을 전제로 하지 않으면 이루어질 수 없는 전략이지요."

"정말 지금도 이 개명한 세상에 정한론을 생각할까요?"

"생각할까요, 라니요? 그냥 핏줄에 흐르는 꿈이라니까~"

"아~니, 선생님, 그런 것은 꿈이라고 안 그래요. 망상이라고 하죠! 망상!(그러면서 유시민이 손가락으로 V자를 그리자, 청중이 활짝 웃는다.) 선생님

쓰신 책 『반야심경』에 '전도몽상顚倒夢想'이라는 말이 있잖아요. 그런 거겠죠."

노량해전과 이순신

"자아~ 한번 생각해보세요. 1598년 8월에 이미 토요토시 히데요시는 죽었어요. 그리고 조선에 출병했던 왜군에게 퇴각명령을 내렸어요. 그렇다면 도망가는 놈들을 그냥 길만 터주면 돼요. 그렇지 않아도 코니시 유키나가小西行長는 진린陳璘, 1543~1607(광동지방의 무관. 정유재란 시 전군도독부 도독都督)에게, 그리고 이순신에게 뇌물을 바치고 길을 터달라고 했어요. 물론 다 거절당했죠. 당시 다행스럽게도 진린은 이순신에게 감화를 입어 사이가 좋았어요. 노량해전에 나타난 일본의 함대가 몇 척인 줄 아십니까? 자그마치 500척이에요. 이순신이 거느린 함대가 불과 80여 척이었어요. 진린 휘하에 300척 가까이 있었던 모양이구요. 이순신은 왜놈들 함대의 위용을 쳐다보면서 이렇게 외쳤지요: '이놈의 원수만 무찌른다면 죽어도 여한이 없습니다.'"

"그 과정에서 정말 돌아가셨죠?"

"우리가 알아야 할 것은 임진왜란 해전사에 있어서 이 노량해전이야말로 가장 격렬하고 가장 혼란스러웠던 격전이었다는 것이죠. 그런데 그 아수라장 속에서도 우리 조선해군은 압승을 했습니다. 왜놈선 500여 척에서 살아남아 도망친 것이 겨우 50여 척밖에 되지 않았어요. 비록 코니시 유키나가가 시마즈 요시히로의 도움으로 간신히 탈출했다고는 하지만 가장 많은 적장들이 참수당했습니다. 물론 이순신 휘하의 장수도 10여 명이 전사했습니다.

이순신은 왜 비워주면 그만일 싸움을 목숨을 바쳐가며 그토록 처절하게 했을까요. 그는 죽음을 선택했습니다. 왜 그랬을까요?

그 이유는 단순합니다. 이 땅의 후손들을 생각한 것이죠. 왔다가 쉽게 가면 또 온다. 그러니 다시 올 생각 못하도록 아작을 내야한다. 이순신 장군님의 마지막 말씀, '전세가 급박하니, 내가 죽었다고 함부로 말하지 말라戰方急, 愼勿言我死!' 아마도 이 말씀은 계속 내가 살아남아 이 땅을 지키겠다는 말씀일 겁니다."

"아작을 내라! 아작을 내! 역사를 크게 바라보시는 혜안이겠죠."

"조순 선생님 잘 아시죠. 선생님께 배우셨겠네요. 그 분은 우리나라 경제학의 태두이시지만 대단한 한학자이시기도 해요. 멋도 있으신 분이구요. 그 분 하고 『율곡전서』의 내용에 관해 이야기를 나누다가 갑자기 이순신 장군 얘기가 나왔어요. 그러다가 조선후기 얘기로 흘러갔어요. 그러다가 저에게 또 질문을 하시는 거에요: '김 선생! 알겠소? 임진왜란·병자호란을 치른 뒤 조선조가 근 300년을 또 무탈하게 갔는데 왜 그런지 아시오?' 그러니깐 말씀인즉슨 전쟁에 대비할 능력이 없이 또 허술했는데 어떻게 조선조 500년이 흘러갔냐는 얘기를 하시는 거겠죠."

"매우 심각한 질문처럼 들리는데 그래 뭐라 말씀하시던가요?"

"웃겼어요. 아주 웃겼어요. 이렇게 말씀하시는 거에요. 이 책 저 책 뒤적거리며 깊게 생각해봤는데 별 신통한 대답은 없어요, 하시는 거에요.

그러더니 이렇게 말씀하시는 거에요: '그냥 재수가 좋았죠.'"

"와~아, 그게 뭔 말씀인가요?"

"그러니까, 전쟁이 일어날 여건이 형성되지 않았다. 그래서 민중들은 살아남았다. 그래서 한 300년 재수가 좋았다. 그런데 또다시 쳐들어오니깐 또 당했다. 아주 우스꽝스러운 말씀 같은데 너무도 많은 메시지가 함축된 것 같아 내 인생의 위대한 공안이 되었습니다. 역사와 재수!"

"대가들의 말씀은 다 알고 하시는 말씀이니깐 뭔가 좀 오썸awesome 하네요. 저희는 유감스럽게도 조순 선생님께 직접 배우지는 못했습니다."

조순趙淳, 1928~. 강원도 주문진 태생. 서울대 상과대학을 졸업, UC버클리 대학원에서 경제학 박사를 획득, 서울대학교 경제학과 교수로 재직했다. 『율곡전서』를 매일 읽으신다는 선생님은 나를 한학의 동반자로 생각해주신다. 한국고전번역원 주최 2012년 〈고전의 향연〉에서 필자와 율곡을 주제로 담소하였다.

"하여튼 이순신 장군의 염려 때문에 그랬는지, 재수가 좋아서 그랬는지는 모르지만, 그동안 토쿠가와막부가 쇄국정책을 쓰면서 한참 뜸하다가, 19세기 말기에 또 온 것은 토요토미 히데요시의 한을 다시 풀겠다는 뜻이 있어요. 우리는 임진왜란이라고 보통 스쳐지나간 전란처럼 말하지만, 실제로 왜란 7년간이라는 세월은 단순히 전란을 치렀다기보다는 일본식민지노릇을 한 역사였어요. 순천의 왜성이나 사천 선진리성船津里城이나 남해 선소왜성을 가보면 조선민중의 고혈이 빨린 침탈의 역사를 그대로 목도할 수 있습니다. 그러니 그런 맛을 본, 흡혈귀들이

사천읍에서 남쪽 7km 되는 선진리 북쪽 언덕에 위치하고 있는 일본식 성곽. 그 석성의 규모를 볼 때 이것을 쌓느라고 얼마나 많은 조선의 민중이 피땀을 흘렸을까 생각해볼 수 있다. 여기에 주둔한 인물이 사쯔마의 번주 시마즈 부자(島津義弘, 島津忠恒)였다. 시마즈는 노량해전에서 살아남았고, 귀환하여 한국에서 데려간 도공들로 사쯔마야키를 일으켜 근대 일본제국주의의 하부구조를 만들었다. 결국 이 사쯔마 사람들이 정한론의 주역이 되었다.

또다시 달라붙지 말라는 보장이 있습니까? 여기에 우리의 각성이 필요한 것이고, 통일에 대한 당위성이 토론되어야만 하는 것이죠."

"아베상은 이순신을 모르나요?"

"일본사람들은 자기들보다 월등히 센 사람, 그리고 억울하게 죽은 사람들은 신(카미かみ)으로 모시는 성향이 있습니다. 러일전쟁 때도 통영 앞바다를 지나는 함대 갑판 위에서 이순신 장군에게 제사를 올렸다고 합니다. 전승케 해달라고 이순신장군카미에게 빌었다는 뜻이겠지요. 19세기 말, 20세기 초 조선을 침탈·강점할 때에도, 혹시나, 혹시나, 이 순진한 듯이 보이는 민중 속에 이순신이 들어있는 것은 아닐까? 항상 우려했다고 해요. 아마도 봉오동대첩이나 청산리대첩에서 이순신의 혼령을 다시 한 번 느꼈을지도 모르죠.

그런데 요번에도 이순신을 만났잖아요? 화이트리스트 배제로 경제침탈을 하려고 했는데 오히려 대한민국의 젊은이들이 일본여행·일본상품 불매운동을 하는 여파로 그들이 크게 당하고 있지 않습니까? 한국 젊은이들의 깨인 정신, 단결하는 모습, 독립운동에 헌신할 기회가 없다 해도 불매운동은 한다! 정말 대단하지 않습니까? 한국의 젊은이들의 혼 속에 아직도 이순신이 살아있는 것이죠."(청중들의 박수가 크게 터졌다).

"자아! 마지막으로 아베에게 한 말씀 해주시죠."

"저는 아베 수상에게 조선민족의 영원한 활화산 단재 신채호申采浩, 1880~1936(청주 사람. 주체적 한국역사학의 개창인) 선생님의 '조선혁명선언'

(1923년 1월 상해에서 작성)의 첫 한 단만 읽어드리고 싶어요.

'강도強盜 일본이 우리의 국호國號를 없이 하며, 우리의 정권政權을 빼앗으며, 우리의 생존적 필요조건을 다 박탈剝奪하엿다. 경제의 생명인 산림·천택川澤·철도·광산·어장漁場 내지 소공업 원료까지 다 빼앗어, 일체의 생산기능을 칼로 버이며 독기(도끼)로 끊고, 토지세·가옥세·인구세·가축세·백일세百一稅·지방세·주초세酒草稅·비료세·종자세種子稅·영업세·청결세淸潔稅·소득세…… 기타 각종 잡세가 축일逐日 증가하야 혈액血液은 있는 대로 다 빨아가고, …… 할 수 있는 대까지 참혹한 수단을 쓰어서 공포恐怖와 전율戰慄로 우리 민족을 압박壓迫하야 인간의 "산송장"을 맨들랴 하는도다. 이상以上의 사실에 거據하야 우리는 일본 강도정치强盜政治 곳(곧의 뜻) 이족통치異族統治가 우리 조선민족朝鮮民族 생존의 적敵임을 선언宣言하는 동시에, 우리는 혁명수단으로 우리 생존生存의 적敵인 강도일본强盜日本을 살벌殺伐함이 곳 우리의 정당正當한 수단手段임을 선언宣言하노라!'

아베 총리님! 당신이 하고 싶어하는 짓은 강도짓입니다. 그 위대한 학문의 전당이 가득한 당신의 나라를 강도국가로 만들고 싶어하는 것이죠. 식민지근대화론이라구요? 우리가 언제 당신들 보고 근대화를 시켜달라고 했습니까? 갑자기 평온하게 잘살고 있는 집에 들어와 주인을 죽여버리고 처자식을 다 노예로 삼고 가축과 재산을 다 차지하고 그것을 모두 제국주의전비로 다 빼돌리고, 이게 무슨 식민지근대화론입니까?

브란트의 무릎꿇음

강도놈들이 살육을 자행하면서 우리 더 잘살게 해주었다? 도대체 언제 우리가 당신들에게 잘살게 해달라고 빌었냐구요! 이것은 내 말이 아니라, 일본에 있는 양심적인 나의 일본인 친구들의 호소입니다. 평화헌법은 그것이 비록 외재적 압력에 의하여 만들어진 것이라 할지라도 일본 역사에서 가장 평화롭고 가장 민주적인 가장 선진적인(미국헌법보다도 더 어드밴스드 된 것이라고 세계법학자들에 의하여 평가됨) 헌법이며, 그것으로 인해 일본이 전후에 세계인들에게 문명국가로서 대접을 받을 수 있었던 것입니다. 야스쿠니신사를 가는 것으로 성이 안 차, 헌법을 뜯어고치고, 또다시 야스쿠니신사에 위패가 올라갈 전쟁영웅을 만들기 위해 똥줄이 타다니요! 아베 총리님! 1970년 12월 7일, 독일 수상 빌리 브란트가 바르샤바에 있는 유대인게토항전Warsaw Ghetto Uprising 기념탑 앞에 화환을 놓다가, 갑자기 예고 없이 눈물을 글썽거리며(자신의 반나치레지스탕스활동경험을 떠올림) 무릎을 꿇고 한참을 멍하게 선정하고 있었던 사건, 니팔 폰 바르샤우Kniefall von Warschau(Warsaw genuflection)라고 불리는 그 사건을 알고 계십니까?

나는 그 후에 브란트가 그 사건을 회상한 말을 사랑합니다: '최근의 역사의 무거운 하중을 생각할 때, 나는 인간의 언어가 끝나는 곳에서 사람들이 보통 할 수 있는 것을 했을 뿐이다. 이러한 방식으로 나는 학살된 수백만의 사람들의 영혼을 위로하였다.*Unter der Last der jüngsten Geschichte tat ich, was Menschen tun, wenn die Worte versagen. So gedachte ich Millionen Ermordeter.*'

브란트의 이러한 무릎꿇음이 유럽의 평화를 가져왔을 뿐 아니라, 전후 유럽문명의 수준을 높였습니다. 그리고 EU의 탄생을 가져왔습니다. 아베 총리님! 당신이 배워야 할 사람은 요시다 쇼오인이 아니라 빌리 브란트입니다!"

"와아~ 명연설을 하셨네요. 아베가 꼭 깨달았으면 좋겠는데! 당신이 배워야 할 사람은 쇼오인이 아니라 빌리다! 이 정도면 충분한 결론이 난 것 같습니다."

아베의 속셈

"그런데 마지막으로 한 말씀이 더 있는데요, 해도 될까요?"

"하세요. 우린 지금 뭐 질문지도 없잖아요?"

"지난 2002년 9월 코이즈미小泉純一郎, 1942~ (시나가와현 요코스카시 출신의 정치인. 후쿠다 총리의 비서로 정계에 입문) 총리가 전격적으로 평양을 방문해서 김정일 국방위원장과 조일평화선언을 조인했습니다. 이때 김정일은 국가수뇌로서 매우 정직하게 납치사건에 관한 오류를 시인했고 또 일본은 수교배상금 문제에 관해 어느 정도 구체적인 이야기를 한 것 같습니다(이전에 김일성이 90억 달러를 요구한 사례가 있고, 이때에 김정일은 100억 달러를 요구했다는 설이 있다).

이 코이즈미의 평화선언은 한국역사를 비약적으로 발전시킬 수 있었던 위대한 결단의 순간이었습니다. 그런데 납치된 여성 요코다 메구미横田惠 가족의 감정적 호소와 납북자 가족들의 시위로 김정일 위원장의 성실한 의도가 다 무산되어버리고 말았지요. 이 평화선언을 휴지쪽으로 만든 사람이 바로 코이즈미 총리를 따라갔던 관방차관 아베였습니다. 아베는 이 문제에 관하여 아주 철없는 강경책을 택함으로써 대중정치인으로서 인기를 얻었습니다. 그때 만약 일본이 과거강점기 때 한 짓들을 반성해가면서 일본국민을 설득하고 보다 정교하게 납북자 문제들을 접근하고 평화선언의 기조를 지켰더라면 동아시아의 평화가 도래할 수도 있었습니다. 북한이 오늘과 같은 경직체제로 발전해나가지 않았을 것입니다. 참 안타깝지요."

"그런데 바로 그 호기를 무산시킨 아베가 다시 그 호기를 움켜쥐려고 하고 있질 않습니까?"

"그렇죠! 바로 그것이죠. 아베가 화이트리스트배제 운운한 것이, 어디 포토레지스트, 에칭가스, 불화폴리이미드 같은 소재의 수출규제에 관한 것이겠습니까? 문재인정권에게 근본적인 타격을 가하려는 것인데 그것은 바로 남·북의 이니시어티브를 남한이 끌고가는 것을 저지하려는 데 그 근원적 목적이 있습니다. 그 목적의 배후에는 바로 자신이 일본의 총리로서 올해 내로 북일정상회담을 열고, 북일수교를 하여 북한사회의 인프라구축이나 경제개발의 이니시어티브를 독점하겠다는 야심찬 계획이 있는 것입니다.

우리 국민이 알아야 할 것은, 이렇게 되면 남북문제에 있어서 우리 대한민국정부가 또다시 일본의 이니시어티브에 종속되게 되고 그렇게 되면 우리 역사의 운명을 우리 스스로 결정한다는 자주·평화·민족대단결의 주체성이 결렬되고 만다는 것이지요. 이렇게 되면 역사의 이 중요한 길목에서 또다시 카이로스, 동학이 말하는 '시호'를 상실하는 우매한 민족이 되고 만다는 것이죠. 지금 우리가 도대체 이 순간에 조국문제로 이토록 서로가 서로에게 도덕적이지 못한 게임을 자행하고 있는 것이 옳은 것입니까? 검사님들도, 언론의 제현들도, 관계자분들도 한번 생각해보십시오. 양심과 상식이 있다면 이런 문제들을 대범하게 털어버리고 국가의 비젼을 공고히 확립하여, 세계사적 프런티어에서 우리 역사가 밀리지 않도록 카이로스를 장악하는데 전력투구해야 하지 않겠습니까? 이제 우리가 합심해서 밝은 미래를 만들어 나가야 하지 않겠습니까? 권력의 과시는 원망을 불러올 뿐이외다.

통일의 문제는 남·북한의 문제가 아니라 세계사의 프런티어의 문제이며, 바로 우리나라 차세대의 운명을 결정하는 중대사라는 것이죠. 오늘 당장 잘 먹고 잘살고 있다고, 하찮은 법리적 시비나 운운하면서 할렐루야만 외치고 앉아있는 꼬락서니가 과연 이 역사의 미래에 무엇을 투영하겠습니까?"

반야심경과 장군의 아들

"선생님! 물 좀 드시죠. 이제 시간도 많이 흘렀고요, 이제 아주 오늘 대담의 하이라이트로 가야될 것 같습니다.

선생님께서 아까 말씀하실 때 통일에 대한 논의를 아무리 단계적으로 이 방안, 저 방안, 무슨 연방제니 연합제니, 이런 것 가지고 맨날 지지고 볶고 해봐야 아무 소용없다, 이런 말씀을 하셨는데 제 가슴을 정확히 때리는 말씀이세요. 통일이 인식의 문제이고 국민의 가치관의 변화가 일어나고, 대의에 대한 합의가 있어야 되고, 이런 것을 위해서 우리가 보이지 않는 노력을 하고 있는 것이다. 선생님은 항상 실체Substance보다는 과정Process 그 자체를 중시하는 분이니까 선생님 하시는 말씀이 이해가 가요.

최근까지도 저는 『반야심경』이 뭔지 몰랐어요. 어머님께서 얼마 전에 돌아가셔서 절깐에 가서 49재를 지내는데 스님들이 『반야심경』을 독송하시면서 저 보고도 같이 따라 읽으라고 해서 같이 따라 읽었습니다. 물론 그게 뭔 뜻인지도 알 수가 없었죠. 사리자舍利子야~ 그러시는데 사리자가 누구인지 관자재보살觀自在菩薩이 누구인지, 그들이 도대체 어떠한 맥락에서 등장하는지 알 길이 없었죠.

그런데 사실 오늘의 대담을 준비하면서 선생님의 신간서적을 읽어야 했고, 그래서 최근에 쓰신 『스무살, 반야심경에 미치다』를 손에 들게 되었죠. 그리고 또 예전에 국한문혼용체로 출간되었던 『금강경강해』라는 사계의 명저를(법정 스님의 서문이 붙어 있다) 완전한글판으로 새롭게 주해를 달아 신편으로 펴내셨더군요. 그리고 또 소설집이라고 했는데, 사실 그것을 소설집이라고 말하기보다는 선생님의 일상생활의 내면을 흐르는 삶의 이야기, 그러니까 선생님의 생활사의 여러 극적인 단면들을 보여주는 이야기집이라 해야겠죠. 도올의 소설집, 『슬픈 쥐의 윤회』, 이 3권이 연달아 나왔기 때문에 그것을 책상 위에 같이 펼쳐놓고 동시에 읽고 있어요.

『슬픈 쥐의 윤회』는 세상에 이렇게 재미있는 책이 있나 싶을 정도로 재미있고요, 『금강경』은 그 어려운 종교이론이 술술 풀려나가요. 그러나 저에게 가장 임팩트가 강한 책은 『스무살, 반야심경에 미치다』였어요. 그 책은 『반야심경』이 과연 어떤 경전인가? 아니, 불교라는 게 뭔가? 아니, 인간의 종교라는 게 뭔가? 이런 문제에 관해 정말 핵심적 통찰을 전해주거든요. 그런데 저는 종교라는 게 결국 복을 비는 거라고 아주 소박하게 생각해왔는데, 그게 아니더군요. 종교라는 게 비는 게 아니라 쓸어 내버리는 거였어요. 『반야심경』을 읽으면 우리 어머니 어디 좋은 데 가시게 해주세요 하는 소원이 성취되는 것인 줄 알았어요. 그런데 모든 것을 버리라는 것이었어요. 버려라, 비워라, 공으로 돌아가라, 아상을 구성하고 있는 언어까지 다 버려라! 하여튼 이러한 사상이 우리 통일논의에까지 연결되고 있다는 생각이 어렴풋이 들어요.

저는 학생시절에 선생님의 철학책보다, 선생님께서 쓰신 영화대본 『장군의 아들』을 책으로 출판한 것을 읽으면서 오히려 많은 영감을 얻었어요. 거기 보면 이런 구절이 있어요. 김두환이 왜놈들 깡패들하고 한판 크게 붙는데, 이때 무예는 지극히 민족적이어야 한다라는 멘트가 붙어있어요."

"잘 기억이 안 나는데요."

"하여튼 제 기억에는 그렇습니다. 분명 시나리오에 그렇게 쓰여져 있었거든요. 그런데 제 생각에 과연 감독이 사람을 때리는 액션 그 자체를 민족적인 냄새가 나도록 구현한다는 것이 가능할까? 그게 도대체 뭔 말인가, 이런 생각이 들더군요."

"아~ 나도 잊어버린 옛이야기를 잘 말씀해주셨는데, 나는 그때 일본의 카라테에 뿌리를 박지 않은 우리 자신의 몸짓, 전통무예에 관심이 있었습니다. 일본의 카라테라는 것의 뿌리는 오키나와테라는 것인데, 하여튼 일본인의 무술은 손동작에 치중되어 있었어요. 그러나 같은 카라테라도 한국에 넘어오면 발동작으로 그 중심이 옮겨가요. 발동작이 순간포착에는 불리하지만 강력하기로 말하면 손에 비교할 바가 아니거든요. 그리고 『장군의 아들』이라는 영화가 히트를 친 것은 내가 임권택 감독님에게 진짜 리얼타임 리얼 액션을 있는 그대로 찍도록 도와드렸거든요. 그 전에는 배우가 슬로우 모션을 해서 그것을 빨리 돌린다든가 하는 식으로 영상장난을 했기 때문에 액션의 리얼리티가 부족했어요. 그런데 『장군의 아들』은 리얼 액션으로 했어요. 그리고 김두환의 몸짓에 토착적인 발솜씨가 많이 들어가 있죠. 태권도 방면의 내 제자인 양진방 군, 그리고 용인대의 교수인 류병관 군이 촬영현장에서 도와드렸어요.

용인대 무도대학 태권도학과 학생들과 함께. 나는 용인대 무도대학에서 무술철학 담당교수 생활을 했다. 앞줄 오른쪽 두 번째부터, 양진방 교수, 필자, 강성철 교수, 류병관 교수.

하여튼 그래서 『장군의 아들』이 우리나라 최초의 블록버스터가 된 것이죠. 우리나라 영화사의 대중동원시대의 새로운 기원이 되었죠. 하여튼 1980년대 제가 고려대학을 떠나 낭인 노릇을 하면서 우리나라 예술계에 신기원을 만든 많은 일을 했어요."

원효의 통일비전

"제가 최근 선생님께서 쓰신 세 권의 책을 읽다보니까, 원효 스님元曉大師, 617~686 생각이 나더라구요. 원효 스님은 7세기, 그러니까 통일신라 형성기에 활약한 분인데, 그게 지금으로부터 이미 1300여 년 전인데 어떻게 그렇게 많은 책을 쓰셨는지, 선생님 생각이 나요. 그런데 유학을 가려다가 진리를 밖에서 찾을 게 아니라 자기자신에게서 찾아야 한다는 깨달음을 얻고 유학을 포기하셨고, 또 파계를 하여 요석 공주와의 사이에서 설총을 낳았는데, 이 실계失戒를 계기로 오히려 그의 사고영역이 넓어졌다고 하죠. 그래서 붓을 꺾고 민중의 삶의 한가운데로 유람하면서 무애無碍의 춤을 추면서 부처님 마음을 전파하셨다고 하죠. 그런데 저는 선생님 요즈음 저작을 보면서 원효 스님의 무애춤이 생각났어요."

"정말 유 작가님의 통찰력은 놀랍습니다. 저는 원효의 꿈을 이미 대학교시절부터 꾸었지요. 이기영李箕永, 1922~1996 선생님의 『원효사상』을 한 글자도 안 빼놓고 통독했습니다. 나는 원효의 『대승기신론소』에 나타난 일심一心사상을 깨닫고 나서, 통일신라 초기에 그 갈라진 마음들을 하나로 통일하는 것, 인간의 마음이 원래 더럽고 깨끗한 것, 깨닫고 깨닫지 못한 것, 생멸하지 않음과 생멸함이 모두 하나라는 것을 깨닫게 만드는 것이야말로 자기의 사명이라고 자각한 사람이 바로 원효라는 위대한 사상가였다는 것을 알았습니다. 그러니까 그의 일생은 일심一心, 화회和會, 무애無碍라는 세 마디로 기호화될 수 있는데 나는 이 사상이 진정한 우리 민족의 통일사상이라고 생각했어요. 오늘과 같이 제각기 잘났다고, 자기만 옳고 남은 틀렸다고 생각하는 인간들의 편집偏執을 화쟁和諍·회통會通시켜서 일심의 근원으로 돌아가게 하려고 하셨죠(歸一心源). 그의 무애의 인간미도 이런 화쟁사상에서 비롯되는 것입니다(이런 원효의 사상에 관해서는 나의 제자, 동국대 교수 고영섭 군의 『분황 원효의 생애와 사상』, 서울: 운주사, 2016을 참고할 만하다)."

"하여튼 선생님께서 원효의 무애춤을 추고 계시다고 표현한 것은, 선생님의 최근 저서들이 엄청 읽기 편해졌다는 것을 얘기하려는 것이죠. 분황사에서 경전주석만 하고 있다가 아니 되겠다 하고 무애박을 허리에 차고 거침없이 주막집을 드나들며 세상을 표류하신 것과도 같은 그런 분위기가 느껴져요. 선생님도 세상 속으로 하산하신 것이죠."

"내 하산모델이 바로 유 선생이었어요. 유 선생 책은 냈다 하면 사람들이 많이 사보는데 내 책은 안 팔려요. 사람들이 내 책을 사줘야 무애춤을 계속 출 수가 있거든요."

"죄송합니다."

"사람들이 알아야 할 것은 이 나라의 문화를 생각한다면 유 선생 책이나 내 책 같은 것을 열심히 사줘야 한다는 것이죠. 출판계 전체가 지금 위기에 몰리고 있어요."

"하여튼 선생님 책이 엄청 쉬워졌어요. 제가 이해할 수 있을 정도니깐요."

"저는 유 작가 같은 사람들의 지혜를 배우려고 엄청 노력할 것입니다. 고담준론에 머물러 있는 사변가가 아니라, 원효 스님처럼 조그만 동네들을 유람하면서 어린이들과 같이 춤을 추는 사상가가 되어야겠다. 반드시 민중과 소통하는 철학을 해야겠다! 이것이 최근의 결심입니다."

"선생님의 『스무살, 반야심경에 미치다』를 읽다 보면 석가모니의 가르침도 떠나게 돼요. 물질에 집착하지 말라 정도가 아니라, 네 대가리를 구성하고 있는 모든 개념들의 구조물을 다 파기하라는 거에요."

"삼법인三法印, 고집멸도 사성체四聖諦를 다 때려치라고 하죠."

"자아~ 바로 그러한 『반야심경』의 논리에 의하여 우리 현실을 바라보죠. 1948년에 대한민국(8월 15일)과 조선민주주의인민공화국(9월 9일)이 제각기 선포되었고, 우리는 이 한 땅에서 갈라진 채 70년을 적대해왔어요. 저쪽은 사회주의 같지 않은데 사회주의국가라고 하고, 이쪽은 자유민주주의 같지 않은데 자유민주주의국가라고 해요. 꾸준히 서로를 적대하면서도 또 서로를 이해하고 교류하려는 노력을 해왔어요. 그런데 이런 적대관계는 남북간 뿐만 아니라, 남한 사회 자체 내에서도 격렬하게 존재해왔어요. 요즈음 우리 사회는 조국문제 하나 때문에 친조국·반조국으로 나뉘기도 하죠. 그리고 정당들은 각기 이념을 내세우면서 뭉치고 서로 적대하고 있어요. 그런데 사실은 우리가 서로 결속하고 연대할 때 제일 필요한 것이 사상, 이념, 이런 것이거든요.

1980년대 대학생의 '의식화운동'이라는 것도 모두 이념을 주입시킴으로써 강력한 사회변혁의 동력을 창출해낸 것이었죠. 그래서 열심히 의식화운동을 했지 않았겠습니까? 그런데 선생님 책 『반야심경에 미치다』를 읽고 나니까, 그딴 게 다 쓸데없는 거더라구요. 선생님께서 그 책 안에 아주 솔직하게 표현하셨잖아요? 그딴 게 다 좆도 아니다."

"그렇습니다. 우리는 모든 이념, 알고 보면 서구적 이데올로기라 할 수 있는 그런 개념구조로부터 벗어나야 합니다."

이데올로기란 무엇인가?

"자아~ 그렇다면 남·북한의 8천만 겨레가 서로 소통하고, 화합하고, 교류하고, 공존하고, 또 서로 도우면서 함께 잘살아가려면 뭔가를 매개로 해서 뭉쳐야 할 텐데, 이념이고 개념이고 다 때려치고 나면 우리는 뭘로 뭉치지? 제가 선생님 책을 감명 깊게 읽고 나서 마지막으로 남은 공안은 바로 이겁니다. 뭘로 뭉치지?"

"어쩌면 우리 유시민 이사장님은 그렇게 좋은 질문만 골라 하시는지…… 제 처(언어학자)가 유 작가님을 너무 좋아해요. 사고가 일관되게 합리적이고, 역사의 현장에 맞는 말씀을 누구나 쉽게 보편적인 언어로 풀어낼 수 있는 대단한 지성인이라고 칭찬하죠. 그리고 무엇보다도 인간미가 있다고, 초기에는 너무 말씀을 잘하니깐 오해가 많았다고, 그런데 지금은 저도 우리 유시민 이사장님의 현실감각, 쉽게 말하기를 배우려고 노력하고 있지요.

이데올로기라는 것을 중국사람들은 이념이라 번역하지 않고 그냥 '의식형태yi-shi-xing-tai'라고 번역해요. 그냥 의식의 틀이죠. 그러니까 교회를 나가시는 분이 평생 예수를 믿는다. 그래서 크리스챤의 신념을 갖게 되었다. 이거 사실 엄청난 이념의 노예가 되는 것이거든요. 사실 의식화운동에 세뇌당하는 것보다 더 엄청난 세뇌를 당하는 것이죠. 공산주의 이념에 물들은 것이나 기독교의 이념에 물들은 것이나 똑같은 의식형태의 오염이지요. 그런데 기독교이념에 물들어 불신지옥을 외치는 사람들은 훌륭한 자유주의자라 하고, 북한동포를 도와주어야 한다고 생각하는 사람은 빨갱이 나쁜 놈이라 하지요. 다시 말해서 이념에 대한 또 하나의 메타이념이 있는 것이죠.

그런 의미에서 이념은 중층적이고 관성이 깨지기 어려워요. 평생을 기독교인으로 살아왔는데 갑자기 다 쓸어 내버려라 하면 그게 내버려지겠어요? 그런데 실상은 내 책을 읽고 그러한 삶의 변화를 일으키는 사람이 많아요. 그래서 가정의 문제가 많이 생긴다고 호소하는 사람들도 꽤 많아요.

기실 이데올로기라는 것은 정치적 이데올로기만 이데올로기가 아녜요. 종교적 이데올로기, 경제적 이데올로기, 의학적 이데올로기, 문화적 이데올로기, 생활관습적 이데올로기, 벼라별 이데올로기가 많아요. 이 모든 이데올로기로부터 벗어나는 것이 불교에서 말하는 '해탈mokṣa'이지요. 그러니까 해탈이 결코 쉬운 일이 아니죠. 싯달타가 평생 노력해도 달성키 어려운 숙제였어요. 그래서 죽을 때도 제자들에게 '계속 정진하라'라는 말을 남기고 죽었다 하죠."

"기독교는 불교에 비하면 해탈보다는 믿거나 빌거나 소망하거나 이런 게 더 강하지 않나요?"

"안 그래요. 결국 예수가 선포한 것은 천국의 도래였는데, 천국이라는 것은 땅의 질서가 아닌 하늘의 질서라고 제가 말했잖아요. 나라를 의미하는 '바실레이아*basileia*'라고 하는 것이 국가라는 실체가 아니라 추상적 질서를 의미하는 것이라고 말씀드렸잖아요? 그런데 이 새로운 질서라는 것은 율법으로부터의 해탈이에요. 율법이라는 것은 '토라Torah'를 의미하는 것인데 그것은 모세의 5경을 의미하는 것이죠. 하나님의 권세를 빌어 민중의 삶을 압박하던 모든 규약을 의미하는 것이죠.

예수는 뭘 믿으라고 말한 사람이 아니라, 바로 이 율법에서 해방되어야 한다고, 율법으로부터의 해탈이야말로 민중의 구원이라는 것을 외친 사회변혁가였어요. 바리새인들이 묻습니다: '요한의 제자들도 단식의 율법을 지키는데 왜 당신의 제자들은 단식을 하지 않는 거요?' 예수의 제자들은 가난한 사람들이죠. 단식하고 싶어도 단식할 빵쪼가리조차 없는 사람들이죠. 예수는 말하죠. 지금은 단식의 때가 아니다. 새 포도주는 새 부대에 담아야 한다. 바리새인들이 또 트집잡죠. 너희들은 왜 손도 안 씻고 부정한 손으로 음식을 먹느냐? 예수는 말합니다. 그 따위 정결의식이 인간의 구원과 뭔 상관이 있단 말이냐? 너희들은 하나님의 계명을 버리고 사람의 전통만을 고집하고 있다(막 7:8).

예수의 제자들이 안식일에 길거리를 가다가 배가 고프니까 밀이삭을 손으로 훑어서 먹었습니다. 안식일에 해서는 아니 될 짓이었습니다. 바리새인들이 공격합니다. '왜 안식일에 해서는 아니 되는 일을 합니까?' 예수는 다윗이 배가 고프니까 먹어서는 아니 되는 대제사장의 제단에 차려진 빵을 먹은 이야기를 인용하면서, 이렇게 말하죠: '안식일이 사람을 위하여 있는 것이지, 사람이 안식일을 위하여 있는 것이 아니다' (막 2:27).

율법이 사람을 위하여 있는 것이지, 사람이 율법을 위하여 있는 것이 아니라는 이야기지요. 그리고 최종적으로 선포합니다: '나는 안식일의 주인이다.' 그 '나'를 예수는 '사람의 아들'이라 표현했습니다. 안식일의 주인은 여호와 하나님이라고만 믿었습니다. 그런데 안식일의 주인이 곧 사람의 아들이라는 것은 안식일의 주인으로서의 야훼(여호와)의 존재를 부정하는 과격한 언어입니다. 그것은 한국의 신학자 안병무 선생의 말씀대로, 배고픈 민중의 인권선언이었습니다. 구약의 하나님은 예수의 사전에 존재하지 않았습니다.

예수는 하나님으로부터 해탈했기에 하나님의 아들이 되었고, 또 하나님이 되었습니다. 예수를 참으로 믿는 사람들은 구약의 하나님으로부터 해방되어야 하는 것이죠. 낡은 계약(구약)은 휴지쪽이에요. 실효가 없어요. 목사가 설교 해먹기 좋은 방편일 뿐이죠. 오직 새로운 계약(신약)만 유효해요. 그 새로운 계약의 주체는 인간이고 또 사랑의 하나님일 뿐이죠. 기독교의 본질도 해탈입니다. 교회라는 조직으로의 복속이 아닙니다."

"석가모니도 힌두사상에서 보면 그런 이단적 인물이겠죠."

원효의 일심이문

"그렇죠. 기존의 어마어마한 힌두이즘의 전승을 초월한 사람이죠. 카스트제도의 모든 속박을 끊어버렸죠. 나도 이런 의미에서는 모든 기존의 전승에 복속되지 않는 사유를 하기 때문에 우리 사회에서 나를 반종교적 사상가니 무신론자니 하고 쓰잘데없는 규정을 내리는데, 저는 아주 심오한 종교적 사상가a deeply religious thinker입니다. 하나님을 명사a noun로서 생각하지 않을 뿐이죠. 저는 그러하기 때문에 오히려 모든 종교를 포용할 수 있고, 모든 이념을 포용할 수 있습니다."

"여기에 이미 제가 던진 질문의 해답이 나와있는 것 같군요. 모든 이념의 해탈이라는 인간학적 과제상황은 결국 모든 이념의 포용이라는 거대한 의식의 스펙트럼으로 확대된 느낌이 드는군요. 그러니까 그것은 곧 원효 대사께서 말씀하신 하나의 마음 곧 일심一心, 우리의 원 모습, 그 고향으로 돌아가는 길이겠군요. 그 길은 반드시 이념을 해탈한 자들에게만 열리는 길이다, 이렇게 정리하면 되겠습니까?"

"갈라진 민족의 하나됨을 향한 그리움, 그것을 원효는 이미 1300년 전에 일심이라 표현한 것이죠. 그가 왜 일심一心을 말할 때, 일심만을 이야기하지 않고 '일심이문一心二門'을 이야기하는가? 그 기호가 풀리지요. 마음은 하나래도 문은 둘이다. 즉 남한과 북한의 이념의 장벽을 이문二門이라 표현한 것이죠. 그러나 그 이문은 결국 한 마음, 큰 마음의 다른 측면일 뿐, 그 나름대로 독자적인 실체성을 갖는 것은 아니다! 이런 말씀을 하고 계신 것이죠."

"원효 대사의 일심이문一心二門사상이야말로 우리 민족의 통일사상의 프로토모델이 될 수 있겠네요."

"자아! 남북의 문제를 접근하는 유일한 열쇠는 이 한마디입니다. 이 한마디면 다 끝나요. 연방제 · 연합제를 논의할 필요가 없어져요. 그 한마디가 무엇일까요? 인정Recognition, 인정! 바로 인정Mutual Recognition 이지요!"

DMZ 경의선철도가 중단된 지점. 남북철도 연결사업 남측구간 복원완료 시점에 내가 갔다. 군사분계선에 서 있는 북한 보초병의 모습이 인상적이다(2002년 12월 31일 촬영).

인정의 바른 이해

"아~ 정말 핵심적인 말씀을 해주셨는데요, 이 '인정'이라는 말의 의미를 보통 사람들은 잘 알아듣지 못할 것입니다. 선생님께서 이 '인정'이라는 말을 꺼내신 그 맥락을 좀 설명해주시지요. 너무도 중요한 말 같으니까요."

"네. 감사합니다. 물론 인정이라는 말은 우리가 상식적으로 쓰는 말입니다. 우리가 친구들끼리 싸우다가도 '야 내가 말하는 것을 인정해줘야지—' '걔 라이프 스타일이나 사고방식을 인정하지 않으면 걔랑 얘기가 안돼.' 뭐 이런 맥락에서 우리가 자주 쓰고 있습니다. 인정한다는 말을 알아들을 수 있어도, 실제로 인정하는 행동·실천은 지극히 난감할 수가 있습니다. 인정이라는 문제를 놓고 볼 때, 아— 제 말을 오해는 하지 말아주십시오, 남북한간에 우리는 북한이 남한을 인정하지 않는다는 생각은 해도, 남한이야말로 북한을 인정하지 않는다는 생각은 별로 하지 않습니다. 해방 후 70년의 역사를 통해서 북한이 남한을 인정하지 않은 것보다는, 남한이 북한을 인정하지 않은 태도가 더 격렬하다고 말해야 할 것 같습니다.

사실 북한은 남한을 인정하고 지지고 말고 할 것이 없어요. 애초에 다른 체제이고, 최근까지 남한은 그 역사발전이 그 나름대로 좋은 발전을 보여왔거든요. 민주의 의식이 확대되고, 삶의 질이 높아지고, 언론의 자유가 확대되고 등등. 그런데 북한은 역사발전이 70년대 이후로 퇴행적 구조를 보였고 많은 불균형·부조리·삶의 질의 저하 등등의 현상이 나타났습니다. 그러니까 남한사람들은 암암리 북한이 우리와 다른 체계로서 존중되어야 한다는 생각보다는, 지지리 못난 것들, 곧 굶어죽을 것들, 곧 붕괴될 것들, 멸망할 수밖에 없는 괴이한 왕조국가 등등의 판단을 보편적으로 지니게 되었습니다. 아주 깔보고, 얕잡아 보고, 말이 안되는 이상한 짓만 골라 하는 사람들로 인식해버리고 마는 것입니다.

자아! '인정'이란 무엇일까요? 이것은 한마디로 '체제의 인정'을 의미합니다. 즉 그것은 북한의 체제가 그 나름대로 논리를 가지고 지속되어야 한다는 것을 인정하는 것을 의미합니다."

"아~ 참 핵심적인 말씀을 하셨는데요, 사람들이 북한의 체제를 인정한다는 말을 잘 모르는 것 같아요. 북한의 체제란 무엇일까요?"

"너무도 핵심적인 말씀을 꺼내주셨는데, 이 '체제'에 대한 몰이해 때문에 우리는 북한을 인정 안 하게 되는 것이죠. 지금 트럼프와의 협상문제도 그 모든 문제가 이 '체제'라는 한 단어에 대한 몰이해 때문에 생기는 것입니다. 그 체제라는 것은 바로 '유일체제'라는 것입니다. '유일사상체계'라고도 말합니다. 유일사상이라는 것은 결국 만경대혈통(김일성 출생지)과 백두혈통(김정일 출생지)의 지도자를 유일한 권력의 적통으로 인정하고 그 지도체계를 유일한 국가의 지도이념으로 신봉한다는 것이죠.

결국 김일성 패밀리의 절대왕정을 유일한 권력으로 받아들인다는 것인데, 동구라파의 붕괴, 고난의 행군을 거치면서, 사상에 있어서의 주체, 정치에 있어서의 자주, 경제에 있어서의 자립, 국방에 있어서의 자위를 외치던 주체사상이 점점 선군정치를 강화하는 방향으로 나아가다가 결국 선군정치를 뒷받침하기 위하여 유일사상이 강화되는 것이죠. 김정은이 집권한 후로부터는 '유일사상'이라는 말조차도 사라지고 '김일성·김정일주의'라는 말이 대신 등장합니다. 2016년 5월에 개정된 조선로동당규약에 '전사회의 김일성·김정일주의화'라는 말이 공식적인 표어로 등장해요. 유일한 영도체계 확립을 위한 10대원칙이라는 게 있어요. 그 원칙은 이와 같아요.

1. 전 사회를 김일성·김정일주의화 하기 위해 몸바쳐 투쟁하여야 한다.

2. 위대한 김일성 동지와 김정일 동지를 우리의 당과 인민의 영원한 수령으로 하고, 주체의 태양으로서 높게 받들지 않으면 안된다.

3. 위대한 김일성 동지와 김정일 동지의 권위, 당의 권위를 절대화하고 결사옹호하지 않으면 안된다.

4. 위대한 김일성 동지와 김정일 동지의 혁명사상과 그 구현인 당의 로선과 정책으로 철저히 무장하지 않으면 안된다.

그리고 제일 마지막 제10조에 이런 말이 있습니다.

10. 위대한 수령 김일성 동지가 개척하시고 김일성 동지와 김정일 동지가 이끌어오신 주체혁명위업, 선군혁명위업을 대를 이어 끝까지 계승완성해 나가야 한다.

여기 '대를 이어'라는 표현은 김정은의 유일지배체제를 정당화하는 것이죠.

하여튼 이제 '북한의 체제'라는 것이 무엇인지 감이 잡히실 거에요. 북한에서는 헌법이 당규약에 종속되어 있습니다. 우리 자유주의국가의 법령체계는 헌법 → 법률 → 대통령령의 순서인데 북한에서는 로동당규약이 최상위법규이고 그 위에 김정은 위원장의 교시가 있어요. 그러니까 법령체계는 김정은의 교시 → 로동당규약 → 당강령 및 지침 → 헌법 → 내각의 정령 및 지침의 순서로 되어 있어요.

자아! 우리가 북한의 체제를 인정한다는 것은 이러한, 우리로서는 상상키 어려운 유일사상체계를 인정한다는 것을 의미합니다. 이것을 부정하면 어떠한 대화도 불가능해지는 것이지요."

"선생님의 말씀은 매우 적확한 지적이지만, 남한의 동포들은 그러한 이념을 받아들이기가 어려울 것입니다."

"여기에 혼동이 있습니다. 절대 받아들이라는 얘기가 아니고, 그들의 국가운영방식의 원칙을 그냥 인정하라는 것이죠. 황당해도 그냥 인정하라는 것이죠."

"허긴 우리나라 여의도에서 왔다갔다 하는 사람들 중에 김정은의 유일사상체계를 매우 부럽게 생각하는 사람도 많을 거에요."

"뿐만이겠습니까? 아무나 다 빨갱이라고 규정해대는 우파꼴통이나 태극기부대 류의 사람들은 자기만이 옳고 모든 사람은 그르다고 하는 유일사상에 빠져있지요. 뿐만이겠습니까? 교회라는 것은 신도들이 모여서 신도들의 신앙심으로 헌신적으로 만들어진 것인데 그 공동체가 대형화되고 연보흑자가 엄청 생기게 되면 반드시 특권을 빙자하여 독점하고, 개인소유화하고, 세습화하는 우리나라 대형교회문화도 북한의 유일체제와 다를 것이 하나도 없지요. 권력을 장악할 것을 꿈꾸는 많은 정치인들이 궁극적으로 김정은과 같은 독점형의 지배체계를 이상적으로 생각하는 사람들이 적지 않을 것입니다. 그러니까 북한체제의 인정이라는 문제를 너무 심각하게 생각할 건덕지가 없다는 것이죠. 그러한 체제의 지속불가능성에 대한 진단도 내가 예단할 것이 아니라 그들의 자체논리에 맡겨두는 것, 그것이 바로 인정이지요. 서로가 서로의 체제에 대해 불간섭한다는 것은 이미 노태우 때의 남북한기본합의서에 명기되어 있습니다. 그것을 우리가 지킬 뿐 아니라, 전 세계가 지키도록 유도하고 독려하는 것이죠."

"자아~ 인정이라는 말의 뜻을 이제 좀 깊게 이해했을 것입니다. 그 다음은요?"

자유왕래

"자유왕래입니다. 자유왕래? 자유왕래는 꼭 필요하죠. 그런데 자유왕래를 매우 진보적인 진영이 요구한 것 같죠? 그렇지 않아요. 꼴보수들이 항상 외치는 것이 자유왕래라고! 자유왕래만 성사시키면 북한 가서도 할렐루야 호산나를 부를 수 있다고 생각하죠. 다시 말해서 자유왕래라는 것이 상대방의 체제를 붕괴시키는 방향에서 이루어진다면 북한은 그러한 자유왕래를 허락할 이유가 없어요. 그러니까 자유왕래는 반드시 체제의 인정을 전제로 하지 않으면 안된다는 것을 우리 국민이 이해해야 합니다. 자유왕래의 전제는 체제의 인정이다. 체제의 인정 없이는 자유왕래는 이루어질 수 없다. 체제의 불인정보다 체제의 인정이 우리에게 더 많은 것을 가져다준다는 것을 꼭 명심해야 합니다. 우리 통일의 문제는 근시안적 태도가 아닌 원시안적 태도가 필요한 것이죠."

유라시아대륙 물류의 한 주축으로서 새롭게 이어지고 있는 경의선.
이 소통의 장이 이명박 정권에 의해 단절되었다.

"자아~ 자유왕래까지 진행되었다고 칩시다. 다음에 무엇을 해야 할까요?"

"그 다음은 생각할 필요가 없습니다. 연방제고 연합제고 그런 것, 다시 말해서 단계적 통일방안은 북한당국이나 남한의 통일전략으로 국가기관이 제시할 필요는 있는 것이라 해도, 인간세의 시간성은 예단 predestination을 거부하는 것입니다. 우연적 요소가 너무 많다는 것이지요. 제가 '체제인정과 자유왕래'를 고집하는 이유는 그것만 진정 이루어진다면 통일은 거의 완성된 것입니다. 그 통일은 남·북한의 민중 스스로 만들어가는 자연스러운 과정이 될 것입니다.

자유왕래가 실현되면 북한의 체제도 자연스럽게 변화하지 않을 수 없습니다. 도올이 김일성대학에서 강의하고, 김일성대학의 신예 교수가 서울의 대학에서 학생들에게 인기를 얻는 그 날이 온다면, 서로가 서로에게 서로의 체제를 위하여 조정하지 않을 수 없습니다. 우리의 통일은 독일모델이 될 수 없으며 완만한 과정적 융합이 될 수밖에 없습니다. 그러한 과정이 되도록 우리가 세계사에 호소해야 하고, 절대정신의 간지를 도와야 할 것입니다."

"그러나 세상은 우리의 그러한 아름다운 게임을 아름답게 바라보지 않을 것 같은데요."

"독일의 통일만 해도 그래요. 주변의 나라들, 영국이나 프랑스는 그러한 독일의 통합을 원하지 않았어요. 사실 독일은 하나의 나라가 되기 위해, 문제도 많았지만 매우 현명하게 그리고 일관성 있게 대처한 결과, 매우 성공적인 통합*Deutsche Wiedervereinigung*을 이룩했습니다. 독일의 통합은 우리에게 희망을 주는 사건이죠. 독일은 동·서 통합으로 유럽의 최강자가 되었어요. 실제로 EU를 이끌어가는 리더역할을 하고 있고 사상적으로도 매우 온건한 나라가 되었어요. 반면 영국 같은 과거의 제국주의 대국이 오히려 흔들리고 있고, 프랑스 사회도 인종문제 등 여러모로 불안정한 요소가 드러나고 있어요. 그러니까 아시아질서에 있어서 한국의 통일이라고 하는 것은 고조선문명의 재등장을 의미하는 거죠(청중들 환희의 박수). 아마도 내면적으로 주변의 강대국들, 특히 일본은 한국의 통일을 공포스러워하고 있을 거에요. 일본의 입장은 고스란히 미국에 전달되는 것이죠. 미국은 또 중국을 압박할 것이고.

부모 반대 속의 남녀결합

자아~ 이렇게 한번 생각해봅시다. 여기 두 남녀가 정말 사랑해요. 당사자들은 결혼하지 않고서는 못 배길 정도로 사랑하죠. 그런데 양가 부모들 친지들이 모두 격이 안 맞는다, 학벌·문벌이 안 맞는다, 인물이 초라하다 운운 온갖 구실을 대며 결사반대를 하고 있다! 이때 어떻게 해야 하죠. 본인들이 취할 수 있는 좋은 방법이 뭐죠?"

"그냥 살아버리면 돼요."

"유 작가님은 정말 훌륭하십니다! 그게 바로 정답이죠. 둘이서 사랑하는데, 그것을 설득할 방법이 없다! 그냥 튀는 거에요. 그냥 구청으로 달려가서 결혼신고하는 거에요. 그리고 셋방 얻어서 새살림 차리는 거에요. 그리고 애만 하나 낳으면 돼요. 양가부모가 그 두 사람의 진실성이 입증되면 인정하지 않을 수 없는 겁니다. 과거에는 이런 파격이 별로 성공하는 예가 없었어요. 그러나 요즈음 세태에서는 이런 파격은 상식이에요. 다 성공하지요.

우리나라가 평화롭게 재결합하도록 도와줄 나라는 지구상 어느 곳에도 없습니다. 결국 통일이란 무리하게라도 우리가 주체적으로 진행시켜 나가야 할 과제상황입니다. 남과 북이 도망가서 애를 낳으면 세계가 인정하지 않을 수 없어요. 우리의 결합과 우리의 사랑은 진실한 것이기 때문에 부모님들의 인정을 받을 수밖에 없듯이, 전 세계는 우리 민족의 앞길을 축복할 수밖에 없어요.

종전협정! 명분을 따지고 당사자들의 합의가 이루어져야만 가능하다는 그런 것 할 필요도 없어요. 지금 휴전이고 종전이고 그 따위 명분이 뭔 필요가 있습니까? 그냥 남북한이, 구청에 가서 결혼신고하듯이, 주체적으로 평화협정을 맺고 온천하에 전쟁의 공포에서 우리 역사는 벗어났다고 새로운 케리그마를 선포하는 것이죠.

우리 민족은 백의민족이고, 평화로운 민족이고, 그 어려운 전쟁, 외침, 내란의 상황들 속에서 고난을 겪으면서도 좌절하지 않고 끊임없이 부활한 민족인데 왜 지금 이 카이로스의 시점에서 좌절하고, 반공·할렐루야 하고, 행정부가 행정부를 도륙하고, 이런 아름답지 못한 께임을 하고 있느냐? 무의미한 소모가 너무 크지 않느냐? 이런 진흙탕에서 좀 빨리 벗어나자!"

"저는 선생님 말씀 들으면서 또다시 원효 스님 생각이 났는데요. 그분이 해외유학길을 가다가 달밤에 무덤가에 해골에 담긴 썩은 물을 아주 시원하게 드시고 나서 잠을 잘 주무셨는데 아침에 실상을 알고 보니 구역질이 나더라! 결국 모든 것이 내 마음의 문제인데 유학을 구태여 갈 필요 있겠나? 이래서 유학을 포기하고 돌아오셨다고 하죠."

"그때 원효가 쓴 시가 이래요. 심생고종종법생心生故種種法生하고, 심멸고감분불이心滅故龕墳不二니라. 마음이 생하니 온갖 이 세상의 현상이 생하고, 마음이 멸하니 안락한 내 집이나 썩은 무덤가가 둘이 아니더라. 원효는 외치죠: 심외무법心外無法, 호용별구胡用別求, 아불입당我不入唐! 내 마음 이외에 법이 따로 존재하지 않는다. 따로 구할 것이 무엇이뇨? 당에 가지 않겠다!"

"원효 스님은 유학길을 접고 내면의 주체적인 길을 찾으셨고, 도반이었던 의상義湘, AD 625~702 대사께서는 중국에 가셔서, 지금으로 치면 하버드대학 같은 데서 공부하시고 돌아오셔서 많은 좋은 일을 하셨죠."

"우리나라 화엄종의 개조가 되셨죠. 중국의 화엄종 2대조사인 지엄智儼에게서 직접 배웠으니 의상의 세계사적 위상은 대단하죠. 중국의 진정한 화엄종의 창시자 법장法藏, 643~712과 친구로서 어깨를 겨눌 정도였으니까요."

"그러나 제가 말씀드리고 싶은 것은 우리 민중 속에 남아있는 것은 의상이 아니라 원효란 말이에요. 통일문제도 역시 주체적으로 우리 내면에서 그 길을 열어가야 한다는 생각이 드는 거죠. 그런데 사실 제 질문은 남과 북이 정치이념, 그런 것 말고, 어떤 것에서 공통점을 찾아야 하나, 그런 구체적인 결합의 분모가 무엇일까, 이런 것에 관한 것이었

는데, 인정과 자유왕래라는 틀에서 질문 자체가 사라져버렸어요."

"아~ 그런 구체적인 질문에 관해서는 제가 할 말이 좀 남아있어요. 북한의 조선로동당(북한헌법 제11조에 '조선민주주의인민공화국은 조선로동당의 영도 밑에 모든 활동을 진행한다'로 되어있다. 당이 국가 위에 있다)의 당기를 보면 왼쪽에 망치(노동자)가 있고 오른쪽에 낫(농민)이 있어요. 그런데 그 가운데 붓(지식인)이 있거든요. 그런데 중국공산당 당휘黨徽에는 망치와 낫만 있고 붓이 없어요. 역시 북한의 공산주의는 유교전통을 중시한다는 얘기에요. 말끝마다 '어버이 수령님' 하는 것도 조선왕조로부터 내려오는 '효孝'의 가치를 중시한다는 것이죠. 효의 개념이 사라진 중국사회와는 정말 냄새가 다르죠. 그러니깐 남한의 사람들에게 북한의 공산주의가 흉악하게 보일지 몰라도 역시 그것은 유교적 공산주의란 말이죠. 이 말은 곧 남한의 자본주의도 진짜 자본주의가 아니라 유교적 자본주의 같은 거란 말이죠. 대기업이 어버이 노릇할려고 그래요."

"아니, 선생님! 이런 맥락에서 유교라는 것은 매우 부정적인 가치를 상징하는 것인데, 어떻게 그런 것이 공통분모가 될 수 있겠습니까?"

"맞습니다. 제가 말씀드리는 것은 유교가 공통이라는 얘기가 아니라, 유교가 함의하는 오랜 전통 위에 두 사회가 서있기 때문에 동질성이 있다는 것이지요. 그 동질성이 우리 민족이 하나가 될 수 있는 근거라는 것이죠. 사실 가치론적으로 말하자면 유교보다는 동학 같은 것을 공동의, 공통의 가치로서 내세울 만하죠. 그러나 동학의 사상도 깊게 파들어가면 유교적 가치의 기저를 벗어나지 않아요."

동학이라는 공통분모

"동학을 한마디로 정리하면?"

"근대성의 기점이라 말할 수 있는 불란서혁명에 가장 큰 영향을 준 사상은 룻소의 철학이라 말할 수 있는데, 룻소는 우리 입장에서 보면 노자老子의 아류 정도에요. 19세기 불란서혁명 이후의 휴매니즘 정신을 가장 포퓰러하게 대변한 것은 빅토르 위고의 『레미제라블』이라 말할 수 있는데, 그것 역시 기독교전통을 벗어나지 못해요. 미국의 민주주의도 링컨의 게티스버그연설을 뛰어넘는 어떤 체계적 사상이 없어요. 제퍼슨의 사상이라 해봐야 영국의 경험주의자 죤 록크의 사상을 미국의 정치현실에 맞게 표현한 것뿐이죠. 일본이 제아무리 찬란한 명치유신을 이룩했다 해도 그 대변자라 말할 수 있는 계몽사상가 후쿠자와 유키찌福澤諭吉, 1835~1901의 사상은 '탈아입구脫亞入歐'라는 서양컴플렉스를 벗어나지 못해요.

그런데 우리의 동학사상가들은 이미 19세기 중반에 아주 근원적이고, 아주 래디칼하고, 아주 탈서구적이면서, 기존의 왕정의 모든 가치관을 뛰어넘는 사상을 확실하게 천명했습니다. 그것은 여러분들이 아는 바대로 '인내천人乃天'의 사상이지만 그 진수는 매우 복잡하고 인간학의 모든 유기체적 사유가 종합되어 있습니다. 서양에는 아직도 인간이 곧 하나님이라는, 인간이 여호와 하나님과 같은 우상적, 명사적, 실체론적 허구적 존재를 뛰어넘는 진정한 신적 존재라고 하는 사상이 없습니다. 이 동학의 인내천사상이야말로 우리 남북한이 하나가 될 수 있는 일심一心의 기저를 근대적으로 다시 천명한 것이죠. 나는 원효로부터 최수운에 이르는 우리 민족의 신명(신바람)의 사상, 최치원이 말하는 현묘지도玄妙之道에 우리 민족의 공통기저는 충분히 살아있다고 봅니다."

"정말 계발적인 말씀입니다. 보다 구체적으로 정치현실에 적용하여 말씀해주시죠."

"그러니깐 내가 곧 하나님이라는 것은, 하나님이 만든 모든 이념의 굴레에서 벗어날 수 있는 힘을 내 스스로 가지고 있다. 그러니까 내가 나의 삶의 주인이다. 그러니까 이념의 노예가 되어서 살지 말고, 인류문명을 창조해온 바로 그 주체인 인간 그 자체로 돌아가자! 종이 되지 말고 주인이 되자! 예수처럼 안식일의 주인, 로드 어브 사배트Lord of the Sabbath가 되자! 그리고 이념이 아닌 인간 그 자체로 회귀하자! 이게 뭔 말이겠습니까? 남북한을 묶을 수 있는 것은 바로 '사람다운 삶'입니다. 내가 말하는 자유왕래라는 것은 삶의 공동체, 생활공동체를 만드는 노력을 말하는 것입니다. 생활공동체란 무엇입니까? 그것은 바로 경제공동체를 말하는 것이죠. 우리의 삶을 같이 건설해가는 것이죠.

자유왕래가 이루어지고, 서로의 투자가 활성화되면 자연스럽게 경제 공동체가 이루어지는 것이죠. 삶 즉 생활은 항상 이념에 우선하게 마련입니다.

퍼주기는 퍼받기다!

한국의 보수정치인들이 트집잡는 가장 썩어빠진 언어가 '퍼준다'는 말인데, 북한에 투자하는 것은 결국 우리자신에게 투자하는 것입니다. 월남이나 인도네시아에 투자하는 것은 오케이고, 북한에 투자하는 것은 퍼주기래서 저주의 대상이다, 이런 엉터리논리가 어디 있습니까? 보수언론이 한국의 젊은이들을 속여먹는 가장 천박한 언어가 이런 것이죠. 통일에 비용이 많이 든다. 그래서 너희들이 성인이 될 시절에는 세금 많이 내야 할 것이다. 근거 없는 낭설이죠.

젊은이들이 알아야 할 것은, 북한에 투자하는 것은 퍼주기가 아니라 퍼받기라는 것이죠. 생각해보세요. 우리가 지금 썩어나는 쌀을 창고에 보관하는 데만 올 한해 6천 2백억 원을 소비하고 있습니다. 쌀을 북한동포에게 주고 희토류와 같은 북한의 자원을 우리가 트레이드할 수 있다면 얼마나 유익하겠습니까?(청중들 엄청난 박수). 보수진영의 많은 사람들이 이런 말을 합니다. 통일은 비용이 너무 든다. 경제적으로 어려운 판에 앞으로 남한사람들이 더 못살게 될 것이다라고 협박조로 말해요. 그런 식으로 젊은이들을 세뇌시키려고 해요. 통일비용보다 현재의 분단비용이 훨씬 더 엄청나게 많아요. 방위분담금이 날로 올라가고 있어요.

제가 단언코 말씀드리지만 남북한의 통일은 돈이 들지 않습니다. 우리가 버는 것이 더 많으면 많았지 손해볼 일이 없습니다. 우리의 통일은 독일의 상황과는 다릅니다. 우리가 통일의 비용을 물겠다는 얘기가 아니라 북한이 북한의 문제를 스스로 해결할 수 있도록 국제환경을 조성하고, 제도적 장치를 만들고, 새로운 교류방식을 만들자는 것이지 북한을 붕괴시키고 그 사후비용을 대겠다는 얘기가 아닙니다. 그래서 '인정'이라는 말이 전제된 것입니다. 우리의 통일은 한 시점에 이루어지는 재결합이 아니라 교류에 의한 점진적 융합을 의미하는 것이죠. 국체 *politeia*의 문제가 아니라 삶*bioteia*의 문제라는 것이죠."

"자! 이제 도올 선생님 처방은 정말 간결한 것 같아요. 일단 서로 인정하자! 죽을 쒀먹든 밥을 쒀먹든 튀김을 해먹든 네 먹고 싶은 대로 해먹어라. 너는 네 식으로 살고 나는 내 식으로 살자! 그런데 우리 싸우지는 말자. 서로 마음 맞으면 거래도 하자. 서로 집앞을 지나다녀도 돌 안 던지기로 하자. 이런 거잖아요. 그런데 정치학자들은 우리의 분단과정을 이렇게 설명해요. 맨 먼저 국토가 분단되었다. 38선으로 갈라진 게 그 예이겠지요. 두 번째는 양쪽에 각각 정부가 수립되면서 국가가 분단되었다. 그 다음엔 6·25전쟁을 치르면서 민족이 분단되었다. 국토, 국가, 민족의 분단이라는 3단계의 분단을 이야기하죠. 이 3차원의 분단을 한꺼번에 해결할 수는 없으니까 우선 호상왕래를 통하여 국토분단부터 풀자! 그러면 서로 오다가다 이해하게 되고 민족의 동질성이 회복될 것이다. 그런 식으로 민족의 분단이 해소되다 보면 국가의 분단도 언젠가는 해결될 것이다, 이런 식으로 설명하시던데요."

"그 말 역시 레토릭일 뿐, 구체성이 없잖아요. 정치학으로 분단문제를 풀면 안돼요."

"그렇죠. 안돼요. 선생님식으로 풀어야죠."

"한 달 내로 비티에스(BTS) 공연을 능라도 5·1경기장에서 여는 거죠(청중들이 함성과 함께 우레와 같은 박수를 보냈다). 거기에 15만 명은 들어간대요. 세계의 15만 명의 젊은이들이 모여서 BTS축제와 아리랑축제를 같이 여는 거죠. 얼마나 황홀하겠어요? 그러니까 우리는 창조적인 상상력을 잃지 말아야 한다는 것이죠. 지혜를 짜내면 우리를 압박해 들어오는 불행한 여건 속에서도 돌파구가 생겨날 수 있다는 것이죠. 그러한 돌파구를 찾는 노력을 정부가 너무 게을리하고 있지는 않은지, 그리고 보수적 논리에 그냥 이끌려가고만 있는 것은 아닌지, 나는 좀 답답한 느낌이 든다는 것이죠. 그리고 돌파구를 찾는 적극적인 노력을 국민이 의식적으로 지원해야 한다는 것이죠.

보수언론은 끊임없이 한국의 젊은이들이 통일에 대하여 부정적인 인식을 가지고 있다고 하면서 통일에 대한 자신들의 견해를 젊은이들에게 뒤집어씌워 놓고 있어요. 어떠한 경우에도 젊은이들을 핑계 대서 통일을 부정적으로 말하는 사람들은 사기꾼이에요. 아주 '나쁜 놈들'이에요."

현실주의자의 반론

"자아 선생님 말씀을 들으면서 잠깐 상상을 해보았는데요. 트럼프 대통령은 민주당쪽에서 탄핵절차에 들어간 상황을 맞이하고 있고, 우크라이나 대통령 하고 통화한 좀 지저분한 대화록이 유출되고, 하여튼 이런 문제로 지금 시끄러워요. 무엇인가를 일관성 있게 처리할 수 있는 정신적 여유가 없어요. 그리고 미국대통령선거가 만 1년밖에 남지 않았어요(2020년 11월 3일). 우리의 미국과의 관계가 이렇게 빡빡하니까, 북한도 한국과 뭘 안 하고 있어요. 이런 상황에서 그냥 상상을 해보는 거에요. 그냥 상상이죠. 선생님 말씀처럼 단순하게 김정은 위원장 하고 문재인 대통령이 만나서 미국과 핵협상 하느라고 고생하지 말고 우리 둘이 협상해서 평화를 선포하고 비핵화하자! 상호군축도 하고 주한미군은 주둔을 최소화시키자! 우리끼리 그냥 살림 차리자! 그래서 한반도 평화의 애를 낳자! 우리가 잘하면 국제사회에서 우리를 인정해줄 것 아니냐? 아예 이렇게 해버리는 것도 한 방법이겠다 하는 생각도 들어요.

그럼 이제 당장 조선일보는 미군철수론을 이놈들이 들고 나왔다고 욕설을 퍼부을 것이고, 또 자유한국당은 폭동을 일으킬 것이 뻔하죠. 더 큰 걱정은 과연 국민여론이 이런 파격적 결단을 뒷받침해줄까 하는 걱정이 들고요, 또 한편으로는 과연 김정은 위원장은 이런 조건으로 국제사회와 한국정부를 믿고 이러한 파격적 선택에 응해줄 것인가? 사실 이런 의문들이 앞을 가로막기 때문에 선생님 말씀대로 해도 될 것 같은데, 과감하게 살림을 차리고 보자 하고 결심을 하다가도 주저하게 되는 것이죠. 파탄의 결말을 예상하기 때문에 선뜻 나서지 못하는 그런 측면도 있는 것 같아요."

"역시 고수의 초식은 좀 다르군요. 냉철한 현실감각을 가진 사람이라면 누구든지 제기해야 하는 반론이지요. 제가 그런 반론을 생각 못하고 이런 얘기를 하는 것은 아니죠. 그러나 저는 인문학자이고, 철학적 사변인이고, 또 이야기를 만들 줄 아는 마가(마가복음의 저자)와 같은 드라마티스트이기도 하죠. 그러니까 내가 얘기하는 것은 국민들의 마음 한 켠에 꼭 심어두어야 할 얘기이고, 노자가 '반자도지동反者道之動'이라 했듯이, 사태와 정반대되는 상상력도 리얼리티가 될 수 있다는 것을 말하고 있는 것이죠. 이것이 꼭 무리하게 밀고 나가야 할 역사의 정로正路이다, 정답이다라고 말하는 것은 아니죠."

"저 역시 선생님 말씀을 따라 상상만 해도 되게 기분이 좋아요. 가슴이 두근거려요."

아이디얼리스트의 반론

"저는 있는 사태를 전면적으로 뒤엎으라는 얘기가 아니라, 역사라는 것은 리얼리티를 넘어서는 아이디얼리스트의 창조적 행동, 한 발 앞서 가는 아방가르드 정신이 없으면 위축되고 퇴폐적인 역사가 될 뿐이라는 것이죠. 새로운 유입이 없으면 고상한 현상의 반복은 황폐로 몰락해 가죠. 임수경이가 평양에서 열리는 세계청년학생축전에 눈치 보다 갔나요?"

“그냥 갔지요. 젊은 대학생 지도부의 결단이었죠.”

“그런데 그런 것이 역사의 새로운 계기를 만들어요. 저는 문익환 선생님께 한국신학대학 재학 시 구약학개론을 들었어요(1967년). 그때만 해도 저는 문익환 선생이 진짜 히브리어 구약의 학자라는 생각만 했지, 그 분이 그렇게 과격한 정치투쟁을 하시게 되리라는 것은 꿈도 못 꾸었어요. 아마도 그 분의 의식의 내면에는 같이 자라난 소꼽친구이자 사상동지였던 시인 윤동주의 처절한 죽음이 항상 우리 현대사의 상흔으로서 그의 가슴을 짓눌렀을지도 모르죠. 나는 그런 한 발자국 앞서가는 액션이 지금 우리 역사에 필요하다고 생각합니다. 그것은 우리 민족의 바이탤리티이고, 그 바이탤리티는 국제사회에 표출되어야만 합니다. 다양한 통일논의가 사방에서 이루어져서 통일이 결코 허황된 것이 아니라는 컨센서스가 만들어져야 합니다. 젊은이들이 가상공간에다가 통일국가를 만들고 거기서 벌어지는 버츄얼 리얼리티를 통하여 온갖 게임이나 드라마를 짜볼 수도 있을 것이고, 그렇게 해서 통일에 대한 철학적·문학적 상상력을 키워볼 수도 있을 것이고, 하여튼 나는 이런 생각을 해보는 것이죠.”

“지금 한국의 젊은이들은 정치만 잘 돌아갔다면 이미 서울역에서 평양 가는, 북경에 가는, 파리에 가는 KTX를 마음대로 탈 수 있는 사람들이 되어있을 텐데, 그래서 사고의 영역을 마음대로 펼칠 수 있는 그런 위대한 고조선의 전사들일 텐데, 이념에 짓눌려 왜 이렇게 왜소하게 살고 있는가? 정말 반성이 많이 됩니다.”

“내가 진심으로 문재인정부에게 충고하고 싶은 것은 여태까지 우리는 트럼프와 미국행정부의 입장을 믿고 많은 양보를 해왔는데 이제 그 마지노선이 지나가고 있다는 것이죠. 미국은 절대 한국을 함부로 다룰 수 없습니다. 우리가 미국의 안보를 위하여, 경제적 이득을 위하여 제공하는 모든 문명행위의 총체적 가치를 미국은 외면할 길이 없습니다. 그만큼 우리에게는 발언권이 있습니다.

지금 우리를 옥죄고 있는 것은 대북유엔제재인데 그것 때문에 모든 것이 올스톱되어서는 아니 됩니다. 그러니까 미국이라는 절대 벽 앞에서 좌절하지 말고 우리가 할 수 있는 것부터 해야 합니다. 우선 풀어봐야 소용없다는 말을 하지 말고 이명박이 만들어놓은, 남북의 빗장을 꼭꼭 닫아버린 '5·24조치' 같은 것부터 빨리 풀어야 합니다. 그리고 금강산 관광도 빨리 재개해야 합니다. 그리고 무리를 해서라도 개성공단을 재건해야 합니다. 새로 만드는 것이 아니고 있던 것을 복원하는 것인데 설사 좀 무리가 있더라도 그런 것쯤 과감하게 밀고 나가지 못한다면, 도대체 우리는 호구 노릇만 하자는 겁니까? 비싼 무기를 사고, 강압적으로 개도국의 위치를 포기하고, 사드를 배치하면서 바게인 하는 것이 아무것도 없지 않습니까? 이게 선진조국의 모습입니까? 깡다구 한번 제대로 못 부리는 대통령을 훌륭한 정치인이라 말할 수 있습니까? 문재인 대통령에게도 윈스턴 처칠의 호소력이 필요해요.

나 혼자 이런 답답함을 토로해봐야 아무 소용이 없어요. 그래서 알릴레오에 나온 것이죠. 내 책 어렵다고 읽지도 않으니까 '알릴레오'에 나와서 '알리는 것'밖에 딴 도리가 없었어요. 우리가 너무도 터무니없는 이념에 짓눌려서, 이러한 문제에 관하여 너무도 과도하게 소극적이고, 피동적이고, 순종적이고, 비주체적이었다! 지금 내 가슴에서는 피눈물이

【금강산 온정각에 지금도 외로이 서있는 정몽헌 회장 추모비】

정몽헌(1949~2003)

여기 조선땅의 숨결이 맥동 치는 곳 금강에 고이 잠들다

아버지 아산 정주영의 유훈을 이어

세계사의 모든 갈등을 한몸에 불사르며

남북화해의 새로운 마당을 열었다

그의 혼과 백 영원히 하나된 민족의 동산에서 춤추리

이천삼년 팔월 사일
도올 짓고 쓰다

흘러요! 우린 정말 이렇게 대접받고 살 민족이 아니란 말이에요!"

"아~ 선생님 말씀을 제가 더 드라마틱하게 표현하자면 역사에 가위눌려 있는 상태?"

(도올은 유리공에 갇혀 못 나가는 모습으로 발을 구른다, 그러다가 유시민에게 묻는다)

"유 작가님! 가위눌린 상태는 어떻게 하면 되는 줄 아세요?"

"글쎄요……"

"그냥 걸어나가면 되는 거에요. 가위눌린 것은 그냥 벗어나면 되는 거에요."(선종의 공안 같다.)

"우리 마음속에 떠오르는 생각이나 우리의 심장을 뛰게 만드는 상상, 이런 것들을 행동으로 옮길 엄두를 못 내는 거죠. 선생님 말씀대로 행동하면 그만인데! 대한민국의 젊은이들이여! 행동하라! 오늘 알릴레오는 청와대 외교안보실에서 꼭 모니터링하세요. 그리고 통전부 동무들도 도올 선생님의 말씀을 깊게 새겨들으시고 국무위원장 동무께 잘 보고해주시기 바랍니다. 계속해서 미국이 꼼수를 부리거나 한반도평화프로세스가 영 진도가 안 나가면 우리 당사자들끼리 살림을 차립시다!"

"김정은 동지께서도 남측의 생각 깊은 사람들의 입장을 봐서라도 끈기있게 종합적인 판단을 내려주시기를 앙망합니다."

“최근에 『금강경강해 한글개정판』이 나왔고, 또 『스무살, 반야심경에 미치다』가 나왔어요. 저는 『반야심경에 미치다』의 주인공으로 등장한 경허 스님에 관한 이야기가 너무도 감동적이었어요. 예부터 일부 소설가, 필자들이 다루었기는 했지만 선생님의 필력을 통해서 비로소 경허가 누구인지를 알게 되었어요. 그리고 『슬픈 쥐의 윤회』 속에 나오는 캐릭터들이 너무 그 잔상이 짙게 남아요. 우리 모두의 삶의 이야기 아니겠어요? 또 뭘 구상하고 계십니까?”

“통일에 관한 담론을 꼭 전 세계의 지성인들에게 알려야겠다. 우리가 그렇게 멍청하게 미국 뒤꽁무니만 쫓는 민족이 아니라는 것을 유럽의 지성인들에게 호소하는 작은 책자를 써야겠다, 그런 계획을 짜고 있어요.”

부산 자갈치시장에서 유세하고 있는 노무현 대통령후보를 유세차량 안에서 내가 인터뷰하고 있다. (2002년 12월 7일)

“선생님! 바쁘실 텐데 책을 따로 쓰실 게 뭐 있나요? 우리 대화를 곧 바로 책으로 내면 되지 않을까요?”

“아 좋지요. 우리 대화내용이 너무 풍부해서 따로 책을 쓰는 것보다 오히려 메시지 전달이 쉬울 것 같네요.”

“보통 이런 대화를 책으로 내는 작업이 기획했던 대로 되질 않아요. 그러나 선생님 필력이면 충분히 가능할 것 같네요. 살을 붙이고 내면의 철학적 담론을 심화시키면 아주 훌륭한 저술이 되겠는데요. 집필에 관한 것은 전권을 선생님께 위임하겠습니다.”

“감사합니다. 우리 대화를 녹음한 것의 딕테이션자료를 보내주세요.”

노무현 자갈치시장 유세현장

"내일 밤이면 선생님 연구실로 녹취 딕테이션 자료를 보내드리겠습니다."

"딕테이션 자료가 도착하면 열흘 내로 탈고할 수 있습니다. 원고지 한 600~700매 될 것 같군요."(나는 이 약속을 지켰다. 그래서 이 책이 탄생된 것이다. 이 대담을 준비하는 과정에서 나는 나의 친구 정세현 민주평통부의장의 도움을 받았다. 그와 나는 대만유학 동기다).

노무현, 우리 시대의 예수사건

"이 대담자리는 노무현재단이 마련한 것입니다. 10·4선언 12주년을 맞이하여 남북문제, 민족의 통일, 조선대륙의 평화에 관해 선생님을 모시고 철학적으로 성찰해보는 시간을 가졌는데, 마지막으로 시청자들을 위한 선생님의 마무리 멘트를 부탁드려 봅니다."

"노무현 대통령은 나와 같은 세대의 사람이지만(고등학교 졸업은 나보다 한 학년 후배, 나이는 두 살 위) 이미 고인이 되셨습니다. 그러나 노 대통령은 시간이 흐를수록 많은 사람에게 그리움을 안겨주는 사람이 될 것 같습니다. 그리고 그가 갈망했던 가치가 보다 보편적인 조선대륙의 가치가 될 것이기 때문에 사상적으로도 높은 평가를 받는 인물이 될 것입니다. 그는 살아있는 사람처럼 역사와 함께 움직이면서 같이 울고 같이 웃는, 성장의 여정을 그려나갈 것입니다.

탄핵을 당하고 청와대에 갇혀있을 시기였는데 어느날 불쑥 나에게 전화를 하셨어요. 비서를 통하지도 않고 불쑥 전화를 하셨어요: '선생님! 그냥 좀 뵙고 싶어요.' 진짜 내가 보고 싶은 거에요. 그 분이 대통령 취임

했을 때 최초로 청와대 인터뷰를 한 것도 나였고, 취임1주년 KBS특별 대담을 한 것도 나였어요. 그 뒤로 몇 차례 청와대를 간 적은 있지만 사적으로 간 것은 이 때가 처음이었죠. 나는 전화기를 놓고 바로 달려갔어요. 우리는 청와대 뒷산에 올라 둘이 앉아 이 얘기 저 얘기 했어요. 그때 나에게 이런 말을 하더군요: '탄핵이 된 것은 오히려 잘된 것이다. 이런 것을 계기로 정치판을 바꿀 수 있다. 그런데 더 중요한 것은 민주의 가치를 영구화할 수 있는 보다 본질적인 그 무엇이 바뀌어야 한다.' 하여튼 그와 얘기를 해보면 그는 진정한 혁명가였어요.

자신의 일신상의 문제에 급급해 사고하는 적이 없었어요. 10·4선언 때도 북한에 올라가기 전에 나에게 10·4선언문 초안을 한번 써보라고 부탁한 적도 있었어요. 물론 내가 쓴 것은 매우 추상적인 것이었지만 10·4성명의 철학적 기초는 내 글에서 마련되었을 것입니다. 그만큼 폭넓게 의견을 수렴할 줄 아는 사람이었어요. 나는 그 분에 대한 사랑이 있어요. 그 분이 부산 자갈치시장에서 대통령선거유세를 할 때도 내가 그때 문화일보 평기자 노릇을 했기 때문에 그 옆에서 따라다녔지요. 나는 노무현의 죽음을 생각하면서 이런 생각을 하곤 합니다.

마가복음 15장에 보면, 억울하게 누명을 쓰고 가장 끔찍한 십자가형을 받은 예수가 골고다를 향해 십자가를 지고 갑니다. 십자가형 이전에 별도의 형벌인 채찍형까지 받습니다(막 15:15). 그러니까 십자가를 지고 가기 이전에 이미 무지막지하게 채찍질을 당하죠. 그런데 로마채찍이라는 것은 가죽끈이 여러 갈래 달렸는데 그 끈 끝에 뼛조각과 동조각을 박았습니다. 그래서 채찍을 한번 휘갈기면 몸을 휘감으면서 살점이 뚝뚝 떨어져 나가죠. 그래서 유혈이 낭자한데, 그런 상황에서 그 어마어마하게 무거운 십자가를 지고 먼 길을 간다는 것이 도저히 불가능한 일이었습니다. 십자가형이라는 것이 사형인데, 사형을 받은 사람이 자기를 죽이게 될 형틀을 지고 간다는 것이 매우 참혹하잖아요? 하여튼 예수의 경우는 하도 채찍질을 당해 십자가를 메고 갈 기력조차 없었기 때문에 아프리카 북부의 퀴레네 지방의 사람 시몬이 그 광경을 보다가 대리로 십자가를 날라줍니다. 그렇게 해서 골고다에 가까이 갔을 때 그 주변에 있던 여인이 예수에게 다가갑니다.

로마의 십자가형의 현장에서 주변에 몰려있는 사람 중에서 형을 받는 사람의 고통을 완화시켜주기 위하여 포도주에 몰약myrrh을 타서 주는 것이 허용되었다고 합니다. 몰약의 원액은 진통효과가 탁월하기 때문에 그것을 포도주에 타서 마시면 아무래도 마비상태가 와서 십자가형을 견디기가 좀 쉬워졌던 모양이죠. 아마도 몰약을 탄 포도주를 예수에게 드린 여인(원문에는 성별의 구분이 없는 복수)은 시몬의 집에서 예수의 머리에 향유를 부은 여자일지도 모르겠습니다. 예수는 그 몰약포도주를 마시기를 거부했습니다. 성경에 이런 이야기가 있는 것도 모르시죠?"

"네, 정말 몰랐습니다."

"왜 몰약포도주를 거부하셨을까요? 예수의 갈릴리사역에서는 엄청나게 많은 기적사화가 수록되어 있습니다. 그러나 예루살렘에서 수난을 당하는 과정에서는 예수의 언행에 일체의 기적사화가 개입되질 않습니다. 그야말로 인간의 수난, 고뇌가 그대로 노출되는 것이죠. 십자가 위에서도 그는 '나의 하나님, 나의 하나님, 어찌하여 나를 버리셨나이까' 하고 절망 속에 죽습니다. 만약 예수가 이런 절망 속에 죽지 않았다면 예수는 하나의 코믹한 마술사 캐릭터가 되고 말았을 것입니다.

그런데 더욱 끔찍한 것은 예수 본인이 십자가에 못박히는 순간에도 고통의 물리적 완화를 거부했다는 것입니다. 다시 말해서 죽은 순간까지 온전한 몸으로, 멀쩡한 정신으로, 이 세상의 모든 아픔을 다 느끼면서 죽겠다고 천명하신 것이죠. 노무현 대통령 역시 부엉이바위에서 떨어지는 순간까지, 그는 이 역사의 아픔을 처절하게 느끼고자 했던 것입니다.

진보적 가치를 나는 추구해왔는데, 내가 권력에서 물러나니까 나를 죽이는 것은 좋은데, 그 내가 추구했던 진보적 가치마저 죽이려고 해? 양보할 수 없지. 나는 이것을 살리기 위해 나를 죽이겠다. 나를 버려라! 그러나 나는 죽은 그 마지막 순간까지 이 역사의 모든 잘못을, 이 세상 사람들의 고통을 느끼면서 가겠다. 그 떨어지는 순간이 길었을까요? 짧았을까요? 그 순간은 우리시대의 한 영원이겠지요. 나는 노무현이라는 존재도 우리 시대의 '예수사건'으로 이해합니다. 여러분들께서도 수많은 노무현이 그렇게 간난 속에서 끌어온 역사가 우리의 역사라는 것을 깨달으시고, 이들이 추구했던 것을 잘 배우시고, 우리에게 다가오는 카이로스를 잘 살려내어 우리의 후손들에게 자랑스러운 역사를 물려줍시다."(장내에 있던 모든 사람이 한참 동안 묵언 속에서 눈물을 떨구었다. 유시민 작가도 눈시울을 붉히다).

에필로그

"여기 객석의 질문지들이 도착해있는데요. 다 대답할 수는 없고 한두 개만 이 위대한 담론의 에필로그로 삼겠어요. '유시민이 생각하는 도올쌤의 매력?' 이것 괜찮겠는데요. 도올쌤은 너무 많이 아세요. 알아도 알아도 너무 많이 아세요. 우리가 상식적으로 생각할 수 있는 수준이 아녜요. 저도 아는 척하는 재능이 좀 있는 사람인데, 제 책은 제가 알고 있는 것의 90%를 보여주는 것이죠. 그런데 최근에 선생님 책을 읽다가 깨닫게 되었죠. 선생님은 아시는 것의 10% 정도밖에는 내보이시지 않는구나! 그래서 그나마 내 눈높이에 맞는구나.

그러니까 모든 것이 충분히 설명되어 있지는 않지만 그 뒤에 무궁무진한 그 무엇이 있구나 하는 느낌을 주는 문장이 많아요. 그게 바로 선생님의 매력이에요. 그 뒤의 것을 상상해볼 수 있으니까. 선생님이 다 말씀하시는 것보다 덜 말씀하시는 것이 훨씬 더 맛이 난다는 생각을 하게 되었어요. 그래서 예전부터 그랬지만 최근 와서 그 점이 선생님을 더욱 매력적인 작가로, 철학자로 많은 사람에게 다가가게 만드는 것 같아요. 선생님의 본령인 노자의 허虛를 이제야 실천하고 계신지도 모르겠네요. 대중과 밀착된 도올! 여기서 이제부터 선생님의 매력이 쏟아져 나오기를 기대합니다.

자아~ 다음에 '도올이 무슨 뜻인지' 하는 질문지가 있는데요, 선생님께서 직접 대답해주시죠."

"도와 올을 합치면 '돌'이 되죠. 제가 7남매의 막내인데요, 우리 형제들이 저를 어려서부터 돌대가리라고 불러서 돌이 되었어요. 제가 머리가 나빠서 형들, 조카들처럼 좋은 학교를 못 갔거든요."

"당시의 측정도구가 도올 학생에게 적합한 것이 아니었겠죠. 경제학계에서도 유명한 케인즈 선생도 대학 들어갈 때 수학성적이 엉망이었어요. 그런데 시험 보고 나와서, 친구들에게 이렇게 말하더래요: '야~ 선생님들이 나보다 더 모르더라.' 좀 위로가 되시죠?"

"돌대가리라는 소리를 들은 것은 나중에 생각해보면 행운이었어요. 내가 머리가 나쁘다는 생각 때문에 노력을 많이 할 수 있었고 또 머리가 나쁜 친구들을 많이 사귈 수 있었어요."

"아~ 이 점이야말로 저와 공통점이 많으십니다."

"유 작가는 나보다는 머리가 월등 좋으시죠."

"안 그래요. 제가 나온 고등학교에서 저는 전설이에요. 머리가 별로 안 좋은데, 노력해서 좋은 성적을 받은 학생! 이거 농담 아닙니다."

"장시간 너무 수고하였어요."

"도올 선생님과 조선대륙의 평화, 그리고 우리의 진솔한 삶에 대하여 함께 이야기 나눠본 대담시간 여기서 마치겠습니다."

"유 선생님! 위대한 지적 향연의 위대한 지적 호스트였습니다."

"시청자 여러분께 감사드립니다. 안녕히 계세요."

— 終 —

유시민과 도올
통일, 청춘을 말하다

2019년 11월 7일 초판 발행
2019년 11월 7일 1판 1쇄

지은이 / **도올 김용옥**
펴낸이 / 남호섭
편집책임 / 김인혜
편집·제작 / 오성룡, 임진권, 신수기
표지디자인 / 박현택
인쇄판출력 / 발해
라미네이팅 / 금성L&S
인쇄 / 봉덕인쇄
제책 / 강원제책

펴낸곳 / 통나무

주소: 서울시 종로구 동숭동 199-27
전화: (02) 744-7992
팩스: (02) 762-8520
출판등록 1989. 11. 3. 제1-970호
값 15,000원

ISBN 978-89-8264-142-8 (03340)